# はじめに

～究極の与え上手で受け取り上手～

美人塾主宰　折原　瑛菜

松田隆太さんってどんな人？って聞かれたら、私はこう答えます。

ご自分と関わった皆が幸せになることを心から望んでいて、
そして自分自身のことも、とても大切にできている人だって。

人は誰でも、人に喜んでもらったり、お役に立ちたいっていう想いが根底にはありますよね。

でも、「こんなにしてもらって申し訳ない」ってなかなか受け取れなかったり、
はたまた、自分のことを後回しにして、人に尽くしすぎてヘトヘトに疲れきってしまったり……。

隆太さんは、そのバランスが絶妙なんです。

お天気が毎日、同じではないように、人の心も日々移り変わっていくものです。

幸せ絶頂のときもあれば、辛くて起き上がれない日もある。

隆太さんは、ふとしたときに抜群のタイミングで、アドバイスや助言をくださいます。

幸せなときはもっと幸せに、辛いときはふっと心が軽くなるような……。

いろいろな経験を乗り越えられてきた隆太さんのメッセージは、優しさに満ち溢れています。
隆太さんは、柔らかい笑顔で微笑みながら、「言葉のプレゼント」を惜しみなく贈り続けてくださる、幸せのサンタクロースのようです。

この本は、そんな幸せのサンタクロース、隆太さんのプレゼント袋のように、あなたに受け取ってもらいたくて待っている、たくさんのメッセージが詰まっています。

ぜひ、一度通して読むだけでなく、ふとしたときにページを開いてみてください。
そのタイミングで必要な、隆太さんからのメッセージが、きっとプレゼントされるはずです。
そして、読めば読むほど、深みを増して、心に浸み入っていきます。

さらにこの本は、隆太さんの想いだけでなく、何百人もの温かい想いが詰まった、初めての本です。
この本に出会ったあなたは、何百人もの想いを受け取ることができる、すごい人だと思います。

あなたが、最高の笑顔になりますように……。「キラ☆ハピ」の世界を、お楽しみください。

〈美人塾〉 http://www.ena-beauty.com)

# ごあいさつ

はじめまして、天職プロデュースの松田隆太と申します。

この本を手に取っていただいて、本当にありがとうございます。

この本の中で、私が今までの人生で得たものをどんどんシェアしていきます。何か一つでも、あなたの人生の役に立てたらうれしいです。

私が、一番お伝えしたいことは、「みんなそれぞれ輝いていて、そのままでいいんだ、幸せなんだ」、と気づいてほしいということです。


私は今、いろいろな方々の人生をキラキラ輝かせて、ハッピーにしていくお手伝いをさせていただいています。

私も二十代半ば、ビジネスに取り組んだ際に、今まで培《つちか》ってきた人間関係をなくし、一緒にビジネスをして信頼していた人にも騙されて、一気に三百万を超える借金を抱えることになりました。

セルフイメージもガタガタで、身も心もボロボロ。未来への夢も希望もなくなりました。このように、すべてがうまくいかなくて、自殺をしようという考えが頭をよぎったこともありました。

このように、私自身が失敗ばかりして、なかなかうまくいかなかった経験を持っているからこそ、うまくいかなかったり、つらかったり、悲しかったり、苦しい想いを持っている人の立場、気持ちが自分のことのようにわかります。そんな経験があったからこそ、わかるのだと思うのです。

どんな人であっても、だれかの役に立つことはできるし、生きている意味があります。

本書は二部構成になっています。

前半は、私が主催しているソースワークショップやキラ☆ハピセミナー、メルマガ、ブログ、飲み会（笑）などでお話ししていることの一部をお伝えしています。これは、人生のヒントとでも言えばいいのかもしれません。隆太が自分の体験などから、気づいたことを読みやすい形でまとめてあります。このヒントをご活用いただくことで、一つでも気づいていただけるものがあれば幸いです。ちょっとの気づきで人は本来の輝きを取り戻していくことができます。もともと人は素晴らしくて、輝いているのが本質です。生まれたときのように。ただ、ちょっと忘れてしまっているだけなんです。

後半は、隆太の人生で実際に体験したことのの一部と、その中での気づきをお伝えします。私の体験をご自身の体験と照らし合わせて学びを感じてみたり、これからの人生に活かしていただけたらと思います。

この本を創るにあたり、たくさんのメッセージをいただきました。たくさんの気持ちのこもった素敵なメッセージをありがとうございます。メッセージを募らせていただくにあたってご協力をいただいたみなさん、ありがとうございます。いろいろなわがままを聞いていただきながら、編集していただいたエベイユの亀岡亮介さん、イメージをくんで本のカバー等のデザインをしてくださった今井克宣さん、イラストの冨島裕子さん、shiroさん、ステキな前書きを書いて下さった美人塾の折原瑛菜さん、付属のCDを一緒に創ってくれて、いろいろな面で応援してくれた〝さとちき〟、つらいときもいつも支えてくれているパートナーの智子、このプロジェクトを準備段階からしっかりと支えてくれている天職プロデュースを中心とした天職起業仲間、ｍｉｘｉやブログ、メルマガをいつも楽しみにしてくれている方々、セミナーやワークショップ、各種イベントなどで出逢った方々、その他、隆太のことを支えてくださっている書ききれないくらいいる皆様、本当にありがとうございます。

そして、私を産んで育ててくれた両親、家族に心からありがとう。

それではキラ☆ハピの魔法の世界にようこそ！

ぜひ最後まで、お楽しみください♪

天職プロデュース　松田隆太

目次

●

あなたも幸せになれる

キラ☆ハピの魔法

〈もっと自分を好きになる66のヒント〉

## 第一章　もっと自分を好きになる66のヒント

## 第二章　隆太の人生が教えてくれたもの

# 第一章　もっと自分を好きになる66のヒント

夢はいつか予定に変わる。

欲しいなりたいは、いつか必要に変わる。

夢は持つものとは違って、当たり前に手に入るもの。

そう、あなたの手にも、必ず降り注ぐよ。

コミュニケーショントレーナー　まっくす

目標にしてる夢なんてありません。毎日、この今に楽しくワクワクしていたいだけです。
歌いながら　ほだか

夢だったキャビンアテンダントが、現実になりました（涙）
一歩ずつやっていけば夢は叶うんだって、今の私なら言えます。
だから、絶対に諦めないでがんばってください！
キャビンアテンダント　佐藤智子

# 神様は「動いている人」しか見えない

「もし神様がいたなら」という前提でお話しします。

神様は、みんなを助けたいと思っています。


ただ、地球上には、六〇億人以上の人がいます。

その中で、空からみんなを見ていると、人が多すぎて、わからないんです。


でも、たくさんいる人の中で、見分けがつく人もいます。

それは、「自《みず》ら動いている人」です。

動いている人は、神様も見つけやすいので、「じゃあ、まずはこの人の願いを叶えてあげようかな」ということになります。


止まっていると、その他大勢の中に埋もれてしまいます。

もし、隆太が神様だったとしたら、そうするでしょう。






「どんな過去をもっていても、特別な人じゃなくても、夢はもっていいし、叶えられる!!」

夢がなかった時に、夢を持つことを夢にしようと決めて走ってきました。

何に対してもやる気がおきずにひきこもりがちになったときもあった。

でも、「ひきこもってたアイツでも夢叶えたな〜じゃあ自分も……!」って思ってもらえるような存在になります。

そうなったら、つらかった過去も笑って話せるようになる。

むしろ感謝できる！

さとちき（里地帰）

夢は、逃げない。

逃げているのは、いつも自分。

不安や恐怖があってもいい。

ただ自分の信じた道を突き進め！

斎藤 宏

夢を持って、がんばってね！

スマイルマドンナ

ワクワクする夢を持てたら素敵だと思う。

叶ったら自分がしあわせになれる夢を持てたら最高だと思う。

だけどさ、そうじゃない夢を持つ人もいるんだ。

“夢”というより“使命”“十字架”のような夢を持ってしまう人。

その先にしあわせなどない、だけど私がやらなきゃ。。。

そのために私は生まれてきたんだ。。。　そんな夢。

人生には“しあわせな人生”と“意味のある人生”があるんだって。

あなたの追求したい人生が後者なのだとしたら。

そんな夢を持ったあなたに、やはりそんな夢を持つ私から、この言葉を贈ります。

“その夢に殺されてもいいくらいの覚悟があるなら、迷わず踏み出したらいいと思うよ”

～ホモフォビアのない世界を剣より強いペンで～　小説家のたまご　香原詩英里（こうはらしえり）



自ら動いていると、願いが自動的に叶っていきます。

体が動いていない人でも、頭を動かしています。心を動かしています。

神様の立場に立ってみて、神様の目に留まるように、動いていきましょう。

**☆神様の目に留まるためのヒント**
人の動きを気にせずに、自分から動こう。

自分が動けば、人も動く。神様も動く。



今、私には目指すべき夢がありません。
周りの人たちを見て、焦ってしまうこともあります。
自分だけ置いてきぼりにされている気持ちになることもあります。
でも、決めました。
自分の可能性を信じることに決めました。
小さな夢をちょっとずつ実現していけば、
絶対何か見えてくるものがあるはずだって。
わろし

チャンスは、みんなに平等に与えられていて
いつもあなたの傍を転がっているそうです。
私も、掴みたいと思っています！
みぃ☆

夢は掴むもの！

恋愛コーチ・キース

夢がない人っていないんですよ。なんでかって言うと
夢を見つけたいっていう夢があるから。
その人はその夢が叶ったら、その夢を叶えたいと思うし、
もう、1度叶えたっていう自信があるから、もっと
叶っちゃう。だから、「夢を叶える」っていう夢から
始めていいんだよ。

天職プロデューサー　川口祐吾

夢ってね、
追いかけるものでも　語るものでも　探すものでもなく
ハートをぽかぽかあっためるものなんだね。
想い描いただけでわくわくしてね
そのわくわくのまま、まっすぐに進んでいくと
いつのまにか現実になってるんだぁ☆

KAORI



# パズルの一ピースだけで、絵を見た気になるな

まだ始めたばかりのジグソーパズルは、何が何だかわかりません。
そのパズルが大きければ、大きいほど。

カンタンなパズルは、絵がすぐ見えてきます。
難しいパズルは、絵が見えてきません。
まるで見えてきません。

それなのに、黒の一ピースを見ただけで、
「この絵は真っ暗な絵だ、地獄だ」
って言う人がいます。
本当にそうでしょうか？
そのピースは、透き通ったキレイな瞳の部分かもしれません。
パズルはまだまだ完成していないんです。



僕は夢なんてなかった。夢なんて描けなかった。
家にひきこもっていた。
「何でも叶うからやりたいこと書いてごらん」
その一言に「世界一周」と書いた。
そしたらワクワクした。そしたら病気が治った。
そしたら世界一周にいけた。
そしたら周りの人がワクワクし始めた。

自分がワクワクすることをもってワクワク生きる。
そしたらそれを見た人がまたワクワクする。
そして、そのワクワクした人の周りの人もワクワクしていく。
『自分がワクワクすることを持って、ワクワク生きている人』
ドリームリーダー
ドリームリーダーを世界中に増やしたい

ドリームリーダー　マサ

夢
思い描いた瞬間に叶い始めている

そんなものらしいです。
だから安心して叶うことを人生に任せればよいみたい☆
願いを叶える写真家　なお湖

どんな夢も叶えることは出来きる
出来ると信じて追いかけ続ければきっと叶う
叶わないとき、それは夢を諦めたとき
夢を叶えたあなたはどんな気分？
きっと最高の気分なんだろうね♪
例え誰かが無理だと言っても、自分自身を信じてあげて
諦めなければきっと叶うから
十夜



その一ピースは、壮大なパズルのごくごく一部にすぎません。
その黒のピースは、必要なピースです。絶対に。

捨ててはいけない。
見ないふりをしてもいけない。
隠してもいけない。
なかったことにしてもいけない。
最高のパズルが完成しなくなるから。

隆太も、過去に何度も、黒のピースしか見えないことがありました。
先がすぐにわかるパズルなら、やってもつまらない。
まだまだ先は長い。
ゆっくり、楽しみながら、パズルをみんなで創っていきましょう。

**☆人生のパズルを完成させるために**
焦らずに、合うピースから組み立てていこう。そして楽しもう。



今まで人にバカにされ、人に笑われて生きてきた。
そして何より、人に迷惑をかけてきた。
自分は自分が恥ずかしかった、
何も出来ずにただ生きている能無しの自分が大嫌いだった。
けれど、今は違う。
自分には夢が出来た。
それは作家になること、自分の物語で人を感動させること。
夢が出来た以上、
それを叶える自分を嫌いになんてなってられない。
自分はこれから死ぬ気で頑張ってみます。
だから、今自分が嫌いな人、夢は諦めるものだと思ってる人。
絶対に諦めないでください。
お前は出来る、天才だ。
喜勝

「夢があるから生きるのがしんどい。

だって夢がなければ
何もかんがえないでのんびり過ごせる」

「夢って必要？」

「いつまでも夢なんてみてるんじゃないよ」

夢について話してたら色んな意見が出た。

でも……

「宝くじ当たったらいっぱ旅行したい！」

「時間があったら、ピアノ習いたい！」

「よく分からんけど幸せになりたいね！」

皆夢もってる。

夢もってんじゃん！

そりゃそうだよね。

夢叶えれたら楽しいもんね。

楽しい事はしたいよね。

「夢語るのって子供っぽいのかな？」

「夢語るのって恥ずかしいのかな？」

「夢語るのって誰かに迷惑かけるのかな？」

あなたはどう思いますか？

hiro-shima



# 「終了」と「完了」はちがう

「終了」と「完了」のちがいです。

似たような言葉で、あまり意識をしないかもしれませんね。


「終了」とは、（何かが）「終わる」こと。

「完了」とは、（自分で）「終わりとする」こと。


同じように感じますか？

でも、このことも生きるために、押さえておきたいところです。

恋愛にたとえて言います。


あなたが、だれかとつき合っていたとします。

二年間つき合って、その人と別れました。


恋人に振られてしまったのです。



“自分の夢”が分からない時がありました。
「自分の夢なのに……なんで分からないんだろう……」
そう悩んでました。
でも、悩んでいても何も変わりませんでした。
だから、どんなことでもいいから、やってみたいことを書き出し、
イメージしてみました。そして、いろんな人と話してみました。
そうやって一歩踏み出してみたら、少しずつ何かが変わってきました。
今、新たな夢が見つかり、とってもワクワクしてます。
これからも夢を持ち、そして自分を信じて、生きていきたいです。

村崎　徹

チャンスが来たら……と言うけれど
何かを変えるチャンスは常に「今」しかない
今の積み重ねが未来を創る
今動かないでいつ動く
行動の先に夢がある
今こそ出発点！！

凜太郎

つまずいたっていいんだよ。

夢を追い続けるって大変だもん。

つまずくのは失敗じゃない。成功なんだ。

つまづいて、這いつくばって、夢を見ようよ。

「俺は夢を追い続けるんだ」って。

１歩１歩足跡つけていこう。

それが１本の道になるから。

それが夢へと続く道となるから。

人生に足跡をつけていこう。

夢を追い続けよう。

そして…

夢を掴もう。

みんなのクマ坊



この状況、つらいですよね～。

隆太もたくさん経験あります。

このケース、恋人と別れた時点で、恋人関係は「終了」しています。

でも、「完了」をしているとは限りません。

それは、まだ別れたはずの恋人に未練を持って、ズルズルと引きずってしまっているときです。

これは、自分の中でまだ完了していないんです。


では、どうしたら完了できるんでしょう?

それは人によってちがいます。


「もっとステキな恋愛をしてやる！」

って決めたときかもしれない。

だれかに告白されたときかもしれない。

新しく恋人ができるときかもしれない。

いまは仕事に専念しようと決めたときかもしれない。

前の恋人が、ちがう人とつき合い始めたときかもしれない。



最近、叶えたい夢が出来ました★
それだけで毎日が大きく変わりました！
今までの私は弱かった。
今は無理、ママだからまだ夢見るのは早すぎると理由をつけて夢を諦めていた。
そんな自分が恥ずかしい、そしてとても苦しかった。
でも今は夢に向かってパワー全開★
叶えたい夢があるって楽しいね♪
キラキラ輝く未来の自分をイメージして、今日も１日大切に過ごしま～す★

画家になりたいジャッシ～

全ての自由人に告ぐ
“アンタは間違ってない !!!!”

拓@自由創人

私の夢はアナウンサーになることです。

高校、大学と第一志望のところには入れませんでした。

でもこの夢だけは叶えてみせます！

人間が思い描く夢はいつか信じていれば叶うはずです！！

皆さんも自分を信じて夢を叶えましょう★

境 沙織

諦めるな。
夢を追いかけ
つまづきそうになったとき
人生の先輩たちがくれた言葉
諦めなければ
夢はいつか現実になる
どれだけ時間がかかっても
諦めなければ絶対かなう

もっち

いろんなケースが考えられます。

どんなケースでもいいのですが、

「前の恋愛は、終わりにしよう！」

って自分で決めたときが、完了したときです。


そうです。このときに、やっと前の恋愛は完了したんです。


「終了」と「完了」は一致するとは限りません。

完了すると、やっと次のステージに行くことができます。

新しい何かを、ようやくそこで、受け入れることができます。


次に進みたければ、まずは、完了させることです。

完了とは、自分の中で「スッキリ感」を味わうことです。

「あ〜スッキリした！」っていう感覚が完了感です。

不思議と自分の準備が整うと、自然に次のものが現われます。





一歩でも、成長できるように歩く
道があるから歩くんじゃ遅い
コンクリートの道路あるいてたら意味ない。
わざと、砂利道あるいたり、草むら歩いてでも
道を作りたい，自分の道。
楽してできたものほど、基盤が弱い。
苦労してるだけ、固まる思いがある。

E★KA

俺にはでっかい夢があります。

そのために、沖縄を出ました。

仕事はつらくて、たまに沖縄に帰りたくなります。

だけど、夢に近づいてんだって考えたらワクワクするんです。

つらくないんです。

だけど、やっぱり沖縄には帰りたくなるんです。

なーりー

成功の反対は失敗じゃない
失敗の先に成功がある
成功の反対は何もしないこと
失敗したっていいじゃない！その先に成功が待ってるんだから
自分が諦めない限り失敗で終わることなんてない
だからやり続けよう
ゆっくりでも良いから
失敗しながら成功へ近づこう

カフェオーナー　eriko

夢は叶う。
叶うまで諦めなければ。
過程さえも楽しんで。
少しづつ夢に近づこう。

haruki



自分の夢を生きるのもそうです。

夢を生きるなら、自分の中で何か完了していないものを完了させることが必要かもしれません。

完了させると、ごほうびとして、次のステージが待っています♪

恋愛と同じように。

**☆完了させるためのヒント**

まだ自分の中で、中途半端にしてしまっているものを完了しよう。

これで、スッキリした！って自分で思えるところまで。

もし、完了できないなら、「どうしたら、自分の中で終わりとできるか？」を探求してみよう。



自分の目標に向かい、
諦めず、コツコツやり続けよう。

アンナ

マザーテレサ……エジソン……坂本竜馬……たくさんの凄い人がいるけど、
みーんな私達と同じ『人間』なんだよ。　違いなんてほとんどナイ！
偉大な人達が、なぜ偉大になれたのかって？
それは・・・自分を信じて進んだから！！
何かする前から「あの人みたいな才能はないから……」って諦めて、進まない
人生でいいの？　そんなのは全部ただの言い訳だよ？
進化したいと願い、一歩踏み出した瞬間から、さっきの自分とはもう違うんだ！
その一歩を踏み出せるかどうかで、人生が変わる☆
そう信じて進むことが大切だと思うな♪

おくチャン

私の夢はａｒｔｉｓｔになること
漠然としているこの言葉が語るようにとても大きな夢だけれど
いつかなれると信じています。
　欲しいものが目の前にあっても
　見ているだけじゃ自分のものにはならないから
手をのばして　動き始めて
何も怖がることなんてない
大きな夢を抱えて一緒に歩いて行けば
きっと必ず叶うから
自分のペースで
あせらなくていいんだよ

with love みぃーな

# ワクワクの正体（1）

ワクワクっていう言葉、よく聞きますね。

隆太がやっているソースワークショップでは、自分だけのワクワクを見つけていきます。

でも、ワクワクって、なんだかあいまいな言葉ですよね？

いったい、「ワクワク」っていうのはどういうことなんでしょう？


ワクワクっていうと、一般的なイメージとしては、

遠足前の子供のような状態
ドキドキ
ウキウキ
いてもたってもいられない感じ
テンションが高い
興奮





私は今、夢の先に立っている
小さな頃の夢
学生の頃の夢
なりたかったもの
キラキラ輝いていたもの
私は今、あの頃の夢の先に立っている
そんな私はキラキラしてるのかな？
そんな私の今の夢
夢の先にある夢
叶えることは難しいかもしれないけど
つまづきながら
苦しみながら
時々立ち止まってしまうけど
時々振り返りそうになるけれど
時々泣きそうになるけれど
それでも今の私は
新しい夢に向かって走っています

比呂

絵が大好き。夢は漫画家。

S・O

夢…小学校の先生になる事
「子供たちとともに成長し、ともにあたたかいもの作って行きたい」
ずっと夢を探し続けてきた僕が見つけた夢
いろんな人に出会い、勇気をもらい、夢ができた
何かに向かってがんばる、誰かのためにがんばる
すごい素敵なことだと思う…この気持ちを多くの人に伝えたい
未来はキラキラまぶしく輝いています。

植田達矢

夢をずっと探し続けてきました。
最近、自分がワクワクする夢を見つけました。
しかも……たくさん！！
やばい！！
今まで見ていた景色がキラキラしてる～！！
人生って楽しいな～☆

あちゃみ



高揚感

こんなイメージを持たれる方が多いです。

でもこれは、まだワクワクの「一部」なんです。

これらは、みんな動きのある、「動」的なワクワクです。

これは、だれもがイメージしているものなので、わかりやすいものです。

表面的にも見えやすい。

動的ということは、その反対に「静」的なワクワクもあります。

では静的というのは、どういうことでしょう？

「温泉に入ると、安らぐんだ～」

「お花を見ているのが、なんだかホッとする」

「このカフェでくつろいでいると、リラックスできるんです」

「古い建物を見ていると、落ち着くんだよね」

「星空に興味があって、夜空をずっと見てて飽きない」

「かわいい洋服が、つい気になるのよね」



みんなってすごいよね。
夢をかなえるために、むっちゃがんばって。
「叶えるんだ」って気持ちがひしひしと伝わってきて。
自分がちっぽけに感じてしまう。なんか焦るなぁ。
自分の夢ってなんだろう？
なんか何にも思いつかなんなー
とりあえず、楽しい人生過ごしたいなぁ。

おじいちゃんになっても、笑っていたい。
なんでも笑い飛ばせる、いい人生送りたいなー
そして帽子かぶって、
ちっちゃいカバンとカメラを持って、
のんびりと旅がしたい。
僕の夢ってそんなんです。

じゅん

六年前、夢を私に語ってくれたね☆努力を重ね、今夢を叶えていってるね☆すごいよ、尊敬してる☆誰よりも努力してたもん☆夢は、叶えるためにあるって教えてくれた☆あなたの頑張ってる姿や物事に対する姿勢から色んなものを教えられた気がします☆遠くから、応援させてね☆あなたの応援団させてよ☆あなたの笑った顔が何より私の宝物☆私と出会ってくれてありがとう☆忙しそうだけど、大好きなお寿司食べて元気でいてね☆

真貴

失ってようやく気づいた
本当は心の底から欲しがってたのに
言い訳ばかりで遠回りして逃げてたね
今からでもまだ間に合う
そんな言葉に押されてもう一度スタートを切ります
決してわき目はふらない
ただまっすぐ追いかけるから消えないで輝いていて

ely



これらは動きはない感じですが、みんなワクワクしていますよね。

穏やかな気持ちになる、安らぐ、リラックス、落ち着くなどがそうです。

また、見逃しやすいのですが、「気になる」「興味がある」「関心がある」というものも、自分だけのワクワクです。

自分は気になるけど、人は気にならないものもたくさんあります。

でも、自分が気になるものは人も同じように気になっている、と思ってしまいやすいです。

「いやいや、それ気になるの、あなただけですから」

っていうのもたくさんあります。

猫の肉球のにおいをクンクン嗅がずにいられないとか(笑)。

たとえば、隆太なら、本屋さんがあるとなんだか気になって、旅先でもなぜか入ってしまいます。わざわざ旅先でまで入らなくてもいいですよね?(笑)。

でも、こういうことって、普段みんな無意識でしているんです。

こうしたものはすべて、静かなワクワクになります。

英単語で言うと、『ソース』(マイク・マクマナス著　ヴォイス刊)の原文では、



私はメイクアップアーティストになりたいです！

これからやりたいことを自分の努力と気力でやろうとしています。

まだまだ遠いけど、ちゃんとメイクで稼いでしっかり自立した人間になります！

そんな、これからの自分に一言。

親の援助や友達の応援があってこそ、今スタート地点に立てているので
周りの人に感謝を忘れないで！
そして、常に真っすぐポジティブにやるべきことをやるだけ！！
ファイト～！☆彡

ミサ

向き不向きより、前向き。

あずき

江戸時代の髪結いさんから始まり、
もう何百年も続いている髪をきれいにする仕事。
事業として100年続いている美容室を聞かない。
私はこれに挑戦している。
100年続く仕組みを創れば、永久に続くということになる。
人間の髪の毛がなくなるという人はまだ聞かない。
すごく楽しい夢である。

美容師の夢叶え男　小国　圭

夢
ユニバーサルスタンダードな愛を
世界中に届け受け取ります。

みらくるめーかー　長谷川裕美



動的なワクワクは「ｅｘｃｉｔｅ」
静的なワクワクは「ｉｎｔｅｒｅｓｔ」

という言葉で表現されています。興味、関心レベルのものも、実はワクワクの一部なんです。一言でワクワクといっても、こう考えるとかなり幅が広がります。気づいていない部分も相当あると思うんです。

日本語で表すと、自分にとって心地よい、「快」と感じるもの、「興味・関心」のあるものはすべてワクワクになります。

**☆ワクワクを見つけるためのヒント**

自分が、「なんだか気になる」ものを意識してみよう。
「うお〜、ワクワクする〜！」っていう高揚感はなくてもＯＫ。



今、自分はうつ病です。もう３年になります。
３年前に持っていた『夢』も忘れました。
『夢』ってその時々で変わっていくものだと思います。
今の自分の夢は、
・うつ病が治って元氣な自分になりたい。
・うつ病が治ったら、うつ病で苦しんでいる人を助けていきたい。
・自分が元氣になったら、家族、友人、まわりの人、日本中、世界中の人が元氣で喜びを感じられるような世界にしたい。
・大好きな音楽に何かしらの形でかかわる日常を送りたい。

みんなが幸せを感じられる世界にしたいです。

ひろ　げんた

夢の扉を何回かノックしていたこと、気がつかなかった。
今までの人生を振り返ってみて、夢中になってしていたことが夢の一歩だったんだなと。
今なら確信できる。

ノックは3回

自ら光輝き、希望とトキメキを伝えられたらいいな
自分の生き方人生を、描き力強く表現したいです

聖子

# ワクワクの正体（2）

ワクワクとは、「〈快〉の気持ちになること、興味・関心のあること」と、「ワクワクの正体（1）」にてお話ししました。
隆太も、以前はここまでの理解でした。
でも実は、まだまだワクワクというのは奥が深いのです。それをお話ししますね♪

人はどうしても
心の状態があって、行動につながる。
行動を変えるのに、心の状態を変える。
または逆に、心の状態を変えるのに、行動を変える。

というように「心―行動」とつながっているものと考えます。

たとえば、「心→行動」というパターンだと、





自分には夢がない！！
って思っているひとがいたら
それは「持っていることを忘れているだけ」って伝えたい
本当はみ～んな夢を持っている
こどもの頃
あれになりたい！　これになりたい！
って言っていたのを忘れている
夢はひとつじゃない！
いくつ持ってもいいし、いくつだって叶えられる
必要なのは「動き出すこと」
やらないで無理っていうのは
ただの思い込み！
今までの過去がつくった思い込み！
過去がなかったこどものときはできると信じていた
何回転んだっていい！
やることは「自分を信じて、動くだけ」

潮平美帆

夢は、虹やホログラムで空間プロデュース、
野外イベントの会場に虹をあふれさせる。
命を託す、命を救う、宅急便—託救便で
社会に貢献すること
サトラレを極めることー時空の凝縮感
を充実感、感動、躍動に変換する
恋愛エステ王シンリスキー

精神科医療を変え、
悩む人を薬から解放し、
自殺者を無くし、
子どもが楽しく育つ社会を創る
薬を使わない精神科医　みやじっち



「楽しいからやる。楽しくないとやらない」というように、心（気分）に左右されてしまう。
または、「疲れているからやめる」「眠いから、行かない」というように、身体の状態に左右されてしまう。

「行動→心」だと、

いい言葉を言っていたら、幸せになる。
やっているうちに、楽しくなってくる。

ということもよく言われます。これが機能するときも、確かにありますが、
そうならないときもあります。

でも、心の状態も行動も超えたワクワクもあるんです！

プロテニスプレーヤーの伊達公子選手の例です。



僕の夢はPHB（本を通じた繁栄と幸福）という考え方を日本中に広めることです。具体的には繁栄するための考え方、幸福になるための考え方が詰まった本を紹介したり自ら出版したりすることでPHBを広げて行きます。このメッセージに共感された方とマスターマインド（ナポレオン・ヒル著『思考は現実化する』参照）が形成できれば幸いです。
無印本命　臼井正己

空を飛びたいけれども。
空を飛べないという現実。
そこであきらめるより。
そこでどうすれば飛べるのかを考える人に。
夢を叶える資格が与えられるのだと思う。
龍野紋章

夢は言葉にして誰かに伝えよう。
バカにする人や笑う人なんかもいるだろうけど、その何倍も応援してくれる人がきっと現れるよ。
そして、応援してくれる人が現れたら、その人を応援してあげよう。
きっと、その人もあなたを応援してもくれて、みんなで一緒に夢をかなえていけるはずだよ。
だから、胸にしまっておかず、あなたの夢を言葉にしようよ。きっと夢は叶うから。
僕もその道をとおってきたから、わかるんだ。

心のクリーニング屋さん　よねぼん こと 米田秀穂

伊達さんは、先日、十年以上のブランクがありながらも、プロテニスプレーヤーに復帰しました。その伊達さんは、テニスのセンスは抜群ですが、大嫌いなものがあります。

それは、「筋トレ」です。

筋トレは地道なことを、痛みや苦しさを伴って、繰り返し行います。

（それがいいんだよっていう筋トレがワクワクの人もいますね）

伊達さんのトレーニング風景を以前テレビでやっていたのですが、「いたいよー、つらいー、やだやだ！」って、顔も苦しそうで、つらそうで、嫌々やっているように見えます。

プロとして復帰するくらいの身体づくりをしないといけないのですから、それはきついし、大変ですよね。

でも、伊達さんはそれでも筋トレをやるんです。やめないんです。身体も痛いし、心もイヤだと感じている。ワクワクしてやっているようには、どう見ても見えません（笑）。

でも、伊達さんはワクワクでやっているのです。それは、気分や身体ではないのです。気分や、身体でやっていたとしたら、つらいからやめるっていうよ





yume、夢、ゆめ、ユメ
たくさん溢れてる
そんな中に僕はいる
キラキラ輝いて宝石みたいだ
僕にはまだない
友達にはある
僕もあのキラキラが欲しい
いつか必ず掴み捕ってやるんだ
まっていろよ　『夢』

紫李鈴

夢は見えてるかい？
それとも、見えてないかい？
おれたちは
起きてる時に見る夢を
いつでも追いかけてるけど
星が、昼間は見えないように

太陽が、雲に隠れるように
夢が見えなくなるときもある
夢が見えないときは、どうする？
ガケっぷちと舗装された道。
自分の心臓に手を当てて
魂が震えるほうへ行け。

instrumental journey　歌代 隼人

夢なんてなかった。
「なりたい職業」が「夢」だと思ってた。
でも、２５歳のいま気づいたこと。
自分がやりたい事は、何だって「夢」なんだ。
ひとつだけじゃなきゃいけない理由も、しがらみも無い。
時間には限りがある。
時間には価値がある。
私の持ってる「夢」が、
出来ることをしなかったが為に叶わないのは絶対に嫌だから
今のすべてを大切にしようと決めた。

ぽじて部あくて部 構成人　yai



うになりますよね。

伊達さんは、
「プロテニスプレーヤーとしての自分」
「プロとして活躍したいっていう意図」
にワクワクしているんです。

プロテニスプレーヤーとして活躍できる自分なら、痛くてもつらくてもイヤでも、関係なく筋トレをやりますよね。それは、プロで活躍していくには当然必要なものですから。その日の気分や身体などに左右されているのでは、アマチュアのテニスプレーヤーだと言われても仕方ありませんよね。

これは、「こういう自分でありたい」という「あり方」のワクワクなんです。

心、身体がいい状態でないとそれができないとしたら、逆に、心や身体が万全でないときには、やりたいこともできなくなってしまいます。

でも、「プロとして活躍したい」っていうワクワクなら、痛いとかつらいって



今だから。だから今、僕はここに書くんだ。
夢を夢で終わらせない。その熱い気持ちをいつまでも持ち続ける為に。
これから始まる自分の新たな歴史の一歩が、例えどんなに厳しい道だとしても、
それは自分の選んだ道。
その先を人一倍考えたからこそその選択に自信と勇気を持って、いつも笑っていたい。
人生の主人公は自分なんだ！

建築系大学院生ＴＫ

目指せテニスの王子様。
ときには厳しく、ときには楽しく、
高校生活エンジョイしまくるぞ。

ケント

私の夢は、大好きな人と結婚して一緒に幸せに生きていくこと、でした。でも、今の一番の夢は、結婚している、していないにかかわらず、ぶれない自分をもって幸せでいることです。凛として、自分に自信があり、周りの条件に左右されない。でもそれでいて温かくチャーミングで大切な人達に愛される人になりたい！　そう思った瞬間からそうなっているよ☆

Yuko Yamamoto

どこでなにをしていてもいい。

どんな人と一緒にいてもいい。

どんなに失敗しても不器用かもしれなくてもいい。

だけど『後悔だけはしない』人生を生きること。

たったこれだけで夢が現実に変わり始めるから。

ゆー

いうのはまったく障害や抵抗にすらなっていない、影響しないということになります。

「つらい」と「やりたい」は別のところにあるんです。

隆太は、フルマラソンに出ました。「フルマラソンはつらいでしょ？」って言われますが、言われなくてもわかっています（笑）。

「つらいならやめたらいいのに」って言う人もいますが、意味がないということがわかりますよね？　つらいからやめたいとは思わなかったし、つらいとか苦しいとかまったく関係ないんです。

実際つらいですよ（笑）。ただ、「完走して達成感を味わいたい」という意図があるので、つらくてもやるんですよね。

こういう、あり方や、意図レベルのワクワクも持っていると、めんどくさいからとか、ちょっと今日はつらいからとか、そういうことに左右されなくなります。






もう十分迷ったし、苦しんだし、回り道もした。

そして結局私の中に残ったものは、当たり前だけど、もとから私の中にあった思い。

それが私の『夢』だって認めるまでに、随分かかっちゃったけど、もう認めてあげていいよね☆

『ぬるま湯につかってたらあかん！おまえは世界に羽ばたくんや！』

私よりも私の可能性を信じてくれてた人からのこの一言が最高の後押しになりました。

これからは迷わず、まっすぐ進みます。

Maiko @世界に羽ばたき中

敬愛する信長公が、戦国の乱世終結を目指したように、
拙者、『平成の世』にはびこる『心の乱世』を終わらせたいのぢゃ。
天より与えられし『言葉のチカラ』と、表現の才を
あますところなく発揮したいのでござる。
まずはその第一歩として、今年は『全国を回るお話会』と『処女作出版』から始めてみるのでござる。
いざ、出陣！

平成のオサムライ　有村沙宮



こういうワクワクは、ほんとに強いです。

ですから、前項の（1）でお伝えした、表面にある「快」や「興味・関心」だけでなく、あり方、意図などでの「快」や「興味・関心」もワクワクなんです。

両方あると、いつの間にかやりたいことへどんどん加速している自分に出会えることでしょう。

ぜひ、探究してみてくださいね♪

**☆あり方・意図レベルのワクワクを見つけるためのヒント**

「こういう自分でいたいっていう自分がいるとしたら、それはどんな自分だろう？」

「心身の調子に関係なく、やりたいことは何だろう？」

と探究してみよう。



夢って何だろう？
やりたい事ややってみたい事は、たくさんある。
好きなように生きて
「これが私の夢」って言える様な夢に出会えると良いな♪
きっと出会えると信じてる。

りょん

私の夢は、お花屋さんで働くことです。
いつ実現できるかはわかりませんが、
いつか本当に夢が叶う日のために、
ずっとお花の勉強を続けて腕を磨きたいと思います。

今日子

夢は
あきらめなければ必ず叶う
あなたがすることは
なんどつまずいてもいいから
あきらめないことだけ

どうか
夢見ることをやめないで
あきらめなければ
欲しいものは必ず手に入るよ

さおり

せかいじゅうのこどもたちが夢を抱いて、
キラキラして生きていけるような世界にしたい。
それを叶えたいっていうみんなのひとつひとつの想いが
世界を変えるかもしれない。
わたしはそれをずっと信じられる自分でいたい。

ハッピー☆スター　ちょこ



# 人生の栞《しおり》をはさむ

「やりたいことをやっていこう！　でも、できない」
っていうときのヒントを書きます。

よく、やるからには最後までやらないとって言う人がいます。
最後までできるときしかやろうとしない。
で、結局やらない。
こういうパターンになることがあります。
隆太もそうですが、完璧主義な人ほど、そうなります。
手をつけたからには最後まで行かないとって。

そういうときには、「栞《しおり》をはさむ」ことです。

本を読むとき、全部一気に読めないことがほとんどですよね。
読めるところまで読んで、途中で栞をはさむ。



これが夢です！と口に出すのは、とても怖いこと。
しかし勇気を出して口に出すと、とたんに周りの世界が変化します。
あなたが決心したことで、見える世界が変わったのです。
見える世界が変われば、奇跡のようなチャンスが訪れます。
夢を口に出せたあなたなら大丈夫。
失うことを恐れずに、チャンスを掴み取ってください。
今まで体験したことのない感謝や感動の世界があなたを待っています。

にっきー

僕には実現させる夢がある。
生きてる中でこの夢を叶えないと生まれてきた意味がない。
というほどの夢は一人では絶対に叶えられない。
沢山の人の力、支え、想い、愛情
沢山の人に守られてきた23年間
僕が夢を叶える事が今までお世話になってきた人達への
一番の恩返しなんだと気付いた時から
僕の夢は僕のものだけではなくなった
今だからこそ言える。
「何で夢を叶えたいのかって？」
恩返しをしたいから

岡松徹



たくさん本を読む人は、電車に乗る一〇分間を積み重ねます。

途中でやめても、栞をはさんで、またその続きからでオッケーです。


三日坊主も同じです。

一日休んで、また三日坊主なら、普通に週休二日で仕事をしてるのと同じです。

そうすると、やりたいことに気楽にトライできます。

やれるところまでやったら、栞をはさんでおけばいいんです。

本をたった一〇ページだけ読むようにやっていけば、いつの間にか、やりたいことができています。

ぜひ、好きなことをしていくために、試してみてくださいね♪

**☆夢を叶えるためのヒント**

やりたかったけど、手つかずだったことを、少しだけでもいいから、できるところまででもいいから、やってみよう。

途中で終わっても、栞をはさんで、また続きからやればいいだけ。



私の夢は『ハッピーコーディネーター』としてママやキッズを笑顔にするお手伝いをすること
笑顔と夢と幸せあふれる時間を　たくさんのママやキッズと創りたい
そのために今できることから一歩ずつ　今あるたくさんの幸せに感謝して　ピンチもチャンスに変えながら

あなたの夢は何ですか？　夢への一歩　踏み出しませんか？

きっと大丈夫☆すべて大丈夫☆

ハッピーコーディネーター☆佑凛

自分は女だけど、弟よりもかわいくない。
なんで男に生まれなかったんだ。
と小さい頃から思い続けてた。
大学まで男の子みたいな見た目だった。
でもいろんなきっかけや出会いがあって
今では、時々かわいいって言ってもらえるようになった
今でもまだ、女が良かったって１００％思えるようには
なってないけど、前より楽しくなってきた
自分の一生は、女性として生まれてきたことを
最大限楽しんで生きたって思えた時に
悔いのないものになると思う
それを目指して奮闘中です
自分自身もまだまだ、もっと磨けると思うけど、
広島で、
その人の女性らしさ、男性らしさを輝かせる仕事、
それから
人と人とのコミュニケーションをよくしていく仕事を
ずっとしていきたいと思っています
人生で最大のイメチェンをしたい人を待ってます！

コーチ　たんぽぽ

# わがままに生きることが調和につながる（1）

人はよく、わがままに生きてはいけないと言われて育てられます。でも、本当にそうでしょうか？

自分の色や個性を出すことをしてはいけない、というのが当然のように思われます。

先日、私は、幸せに天職を生きているある億万長者の方の家に、パートナーとともに遊びに行きました。この人は隆太の尊敬する人なんですが、自分の人生の哲学を確立しています。

億万長者というと、豪華な調度品がたくさん置いてありそうなものなんですが、音響機器はCDラジカセです。しかも、浪人生とかが持っていそうな、量販店で四〇〇〇円くらいで買えそうなものなんです（笑）。

「音にこだわりはないので、聞ければそれでいいんです」





“夢”
そばアレルギーの人でも安心して食べられる美味しいそばを作る！！！
最近、周りにそばアレルギーの人が増えてきた。
お客さんにもなった人がいる。。。
本人だけではなく、家族も食べられなくなってしまう……
もしそんなそばができれば、後継者不足に悩んでいる農家さんもそば屋も喜ぶ！
何より、そばアレルギーに悩んでいる人も喜んでくれる。
全ての人が笑顔になる♪
そんなそばを絶対に作る！！！

そば屋のたか

夢ってなんだかふかふかしてる
夢ってなんだかほわほわしてる
夢ってなんだかあったかい
そんで夢ってきっと虹色だと思う！
ほら、何だかイメージしただけで
ワクワクドキドキがとまらない☆

セラピスト　Tamao

僕の夢は世界中の人と境なく笑い合える世界を作ることです。
そこには、文化や国境の壁を乗り越えられる笑顔と相互理解が必要だと思います。
同じ地球で生まれてきたもの同士、
一度きりの人生を楽しみあい、分かち合える世界を創るきっかけ作りを
ワインを通じてできたらいいな。

atsuto

夢は「完全なる世界平和」
みんな幸福でありつづけてね。
いつも祈ってます。

りゅう



と言います。服も、ユニクロなどであるようなシャツです。冷蔵庫も、少し前までありませんでした。

億万長者だから、着飾ろうとか、高いものを買おうとか、いっさいありません。高くても安くても関係なく、自分が欲しいものだけ持つのです。人の目をいい意味で気にしないで。

その人からたくさんのことを学んでいるのですが、一番の学びは「自分」を持つということです。

自分が好きなことをやる。
自分がやりたくないものはやらない。
人がどんなにいいと言っても。

これは見方によっては、「わがまま」です。
人に合わせないのですから。
でも、「私はこれが好き」「私はこういう生き方だ」と人に言うことが、実は



黙々とただひたすらに
自分の夢に向かって
まっすぐ曇りのない瞳
私は

あなたが向かう夢を叶えるためなら
どんな応援もいとわない
あなたの横顔をみてそう思う
あなたの”夢”は私の”夢”

emi

かのんね、大きくなったらバナナになりたいの。
緑のバナナじゃなくて黄色のバナナ。
だっておいしいんだもん。

ますだかのん（三歳）

俺の夢は発展途上国に学校を作ること♪
俺っていうひとりの人間は１００年後には、もうこの世にはいない。
けれども、俺が作った学校で学んだ子供達が将来、
医者・教師・政治家、、など沢山の人を助けられる人に育ってくれれば、
それほど素敵なことってないと思う。
自分の生きた証をそんな形で示すのもカッコいいんじゃないかな。
そして、なにより教育が、貧困から自ら這い上がるための
彼らの最大の武器になる、そう思うから。。

KIYO

思いっきり夢を見よう
そしてきれいさっぱり夢から醒めよう
夢から醒めたところに
夢のような人生が待っている

Ｄａｎｎａ♪

「調和」につながるのです。
「自分らしく生きる」という意味で、わがままでいいのです。
自分勝手という意味ではなく、「我のまま、自分のまま」です。
では、どうして、わがままに生きることが調和につながるのか？
長くなったので、（二）に続きます。

**☆わがままに生きて、調和するためのヒント（一）**

・自分らしさを大事にすると、どんなことが自分に起きるのか？
・自分らしさを打ち消して生きると、どんなことが起きるのか？
・周りの人は、どうか？
よかったら、自分なりに探求してみてくださいね♪





「人」に「夢」と書くと「儚い」となりますが、
人間の夢なんて本当に「儚い」ものです。
そんな「儚い」夢を生きてゆくうちに叶えられたらいいな。

環境メッセンジャー　南　瑠衣

私の夢は、お花屋さんで働くことです。
いつ実現できるかはわかりませんが、
いつか本当に夢が叶う日のために、
ずっとお花の勉強を続けて腕を磨きたいと思います。

今日子

夢を叶えるチャンスはね誰にでもあるんだよ。
気力・努力・運・出会い・人との繋がり！
そして、チャンスが来た時に飛びつく勇気！
人は気力 MAX な時、努力をいくらしたって、
幸せ MAX を感じてしまうものだから。
そう、努力も勇気も出すもんじゃない、
チャンスを前に出てしまうものなんだ。

りえパパ☆りょーいち

就職活動中ある会社で聞いた印象的なワンフレーズ。
『夢を実現するのに近道なんてない』
今はまだこの言葉実感できないけど、
これを心に秘めればいつまでも夢追い続けられる気がする。
だから今日も昨日の自分より一歩成長。
夢が達成するときは何歩成長できるんだろう？
考えるだけでワクワクする！

植村友輝



# わがままに生きることが調和につながる（2）

（一）の続きです。
「わがままに生きることが、調和につながる」とはどういうことでしょう？
一見、矛盾するように思えますが、いま私の周りにいる人たちは、まさにこういう状態になっています。
わがままというのを、言い方を変えると、「自分を確立している」ということです。

たとえば、
真っ赤なバラは、真っ赤だからいいのです。
コスモスは薄紅色だからいいのです。
タンポポは黄色だからいいのです。
どれがいいとか悪いとかというのはなく、単なる色のちがい、個性のちがいです。



僕は「夢」はないことはないが柔軟でありたいので、
実はあまりこの言葉に縛られたくない。
自然や直感に任せて、なんとなくこっちかなぁって
思う方向にいつの間にか進んでいって、あらあらこんなところまで来てしまいましたぁ、「オレってば、ご苦労様ですぅ。」みたいな感じがいいなぁ。

HOME

夢は歌手になること♪
年では大先輩の秋元順子さんもいらっしゃることだし
まだまだ可能性大！
秋元さんが夢と希望を与えてくれました！
今にもすぐレッスン開始したいです♪

シリウス

「夢なんてない」っていうひとがいます。
「夢だなんて」ってばかにするひとがいます。
でも本当は、みんな夢を持っています。
ただそれを口にするのが恥ずかしいだけ。
それを思い出さないように過ごしているだけ。
夢を持っていたことを思い出したら
今の自分を否定してしまうようで恐いから。
夢をもつことは恥ずかしいことではないんだよ。
いくつになっても夢を追いかけていいんだよ。
夢をかなえるのに「もう遅い」っていう日は来ないんだよ。
あなたが生きている限り。

佐藤彰紀

これが、「自分は、本当に真っ赤でいいのかな？　目立ちすぎなんじゃないか」「やっぱり赤い色出すの抑えとこか」「ときどき空色になっておこうか」って真っ赤なバラは悩まないでしょう（笑）。

真っ赤なバラだから、それと合う色はどれだろう？
この花とあの花を組み合わせよう。
どんなときにこのバラを活かしていけばいいだろう？
情熱を表現したいときには、最高だな。

などと、その色を活かすためにどうしたらいいのかを考えられます。

真っ赤でいることで、黄色のタンポポが映えることがあるかもしれません。
いろんな色があるからこそ、全体として、調和が生まれます。
真っ赤でいることが、自分の存在を際立たせ、さらにそのことでほかの色の存在をも際立たせるのです。

人も同じです。




摩擦が生じます。不安になります。
愛する人から反対されます。
でもそれは、あなたを愛しているから
愛すればこその言葉なのです。
苦しく、孤独と戦わなければならないときもあります。
当然です！　夢を叶える途中なのですから
でも一歩足を踏み出せば……
今までと違った世界が見えてきます。
自分が変わってゆくのがわかります。
夢に少しづつ近づいていているのが解かります。
わくわくします。どきどきします。感動します。
勇気が沸いてきます。
そして夢が叶ったとき涙が溢れてきます。感謝します。
そして新たな夢が生まれ
今度は周りの人たちにも夢を与えながら
更なる夢を追いかけます。
だから僕は夢をあきらめない
行こう！

sizureo

「きみは、仲間のために死ねるかい？」
と聞かれて、
「かんたんさ」
と言える人になります。
☆Smile Creator★ 松井宏透

Dreams come true.
夢って見るだけじゃなくて、
叶えることができるんです。
最初のちいさな一歩が、
夢へのはじまりとなり、
いつしか夢へとたどり着きます。
どうせ１度の人生なら、
一緒に夢を叶えながら、キラキラ生きていきましょう♪
ダイエットコーチ　ゆみ



「私はこれができる」「これが好き」「これが合っている」と自己表現して、人に伝えるからこそ、役割ができ、人との調和が生まれます。

それを、人に合わせたり、遠慮したりして自分を押し殺していると、自分はいったい何者なのか、自分でもわからなくなり、人からもわからなくなります。

（隆太もそういうときがよくありました）

デートで「何が食べたい？」と聞いて、相手が「何でもいい」と答えたときほど困ることはありません。さらに、お店に行ってから「このお店はちょっと……」って言われた日には「どうよ？」って感じです（笑）。

最初から「中華が食べたい。でも辛いのは苦手なの」って言ってもらえたほうが、連れて行きやすいですよね。

自分のやりたいこと、好きなこと、こんな人だということを表現することが、自分や、人に対しての「愛」なんです。それでももし離れていくとしたら、「もっと相性のいい人がいる」ということです。

好きなものは好き、と遠慮しないで言えるようになれば、自分が活躍する舞台ができ、どんどんチャンスが生まれてきますよ♪



本来、叶わない夢というのは
頭に浮かばないそうです。
それが事実なら、
頭に浮かぶ夢や願望は叶う
ということになりますね☆
あとは、どれだけ実現させたいかという思いと
行動しだいなんでしょうね♪
ノエル☆

「夢」を持つことはいやだ、という人がいる。
なぜなら、夢は儚くかなわないものだと思う人がいるからだ。
でも、夢を持たなきゃ、目標だって生まれてこない。
「夢」を語るのはいやだという人がいる。
なぜなら、それを他人に語ったりその夢に向かって努力する
姿を見られるのが恥ずかしいと思うからだ。
でも、いいじゃないか。
「夢」かなえられなくても命を奪われるわけじゃない
だからがむしゃらになったらいい
hirokichi

苦しみは人と比べるところから生まれるよ。

心から望む事を、マイペースに楽しんでやり続けている間に夢が実現になっていくよ。

アロマセラピスト ♪ Skip & Laugh

私の夢は、大好きな人と幸せな家庭を築くことです。

笑い声が絶えない家族を作りたい。

「ただいま」に笑顔で「おかえり」と言える奥さん、お母さんになりたい。

この夢は、今一番叶えたい夢です。

夢を持つと、毎日が輝き出します。

あなたの夢はなんですか？

来夢

周りの人は、あなたの好きなものを、あなたに渡していきます。結果、どんどん自分らしさを発揮しながら、周りとも調和しながら生きていくことができるんです。

私の周りは、これをお互いにしあっているだけです。

ぜひ、わがままに自分らしく生きることを、自分自身に許可してあげてくださいね。

**☆わがままに生きて、調和するためのヒント（二）**

「私は、実は○○が好きなんです」と人に言ってみよう。

（最初は、言っても安全そうな人を選ぶといいと思います）

「あなたが好きだと思って、○○を持ってきたよ」

なんていう、うれしい反応がたくさん出てくるはずです。





明確な夢を持って生きる人は、力強い
今こそ　私もあなたも力強く生きましょう！！
そう！！
叶わない夢なんてないのだから！！

西坂都良

夢って叶わないと思ったり途中で挫折したりしたことないですか？
私もその内の一人です。でもねそう思った時点で夢は叶いません。
夢が叶った自分をイメージしてワクワク楽しんでいると
夢は近づいていくから不思議だよ。
私の夢 人を癒し幸せにすること。
一緒にワクワクして夢を叶えようね。

ついてるかよちゃん

夢は、大好きな横浜に関わった全ての人が幸せになり笑顔と
ありがとうが溢れる居酒屋をオープンさせ、
外食産業活性化と笑顔とありがとうが溢れる社会を創ること。
その為に今を全力に生きて目の前の人を笑顔にしてます。
キム隊長

夢は《自然とひとの絆や縁を結ぶ
お手伝いをすること》を通して
地球に happy を、ひとつでも、ふたつでも
すこしずつでも増やしてゆくこと
自分には何ができるのだろう…？
私は、自分の名前に隠されている意味を
ヒントにして、夢をみつけだしました
あなたもあなたのステキな名前から、
夢をみつけてみてください…☆
絵里香



# 成幸の「できちゃった結婚」をしよう

人に、自分はこんなことをしている、こんな夢がある、って言うと、

「あなたにはムリ」

「お前にはできないよ」

「向いていないよ」

「もう遅いよ」

「年いくつだと思ってんの？」

「お金あんの？」

「リスクが大きすぎるよ」

「そんな才能ないよ」


って反対する人が必ずいます。

そんな人に対して、有無を言わさず納得してもらう武器があります。



夢を語ったら『良いね』と言ってくれる人が現れた
もっと夢を語ったら『やろう』と言ってくれる仲間ができた
一人じゃ出来ない事も仲間のおかげでカタチになってきた
夢を予定にしたら必ず叶う
ちか

夢は、大好きな横浜に関わった全ての人が幸せになり笑顔と
ありがとうが溢れる居酒屋をオープンさせ、
外食産業活性化と笑顔とありがとうが溢れる社会を創ること。
その為に今を全力に生きて目の前の人を笑顔にしてます。
キム隊長

漠然とした夢ならある。
「物作りをして生きていきたい。いつかそれで生計を立てたい」
何かを作り出す事を仕事にしたくて、
でもそれが何なのかを自分で決めかねていて、まるで宙ぶらりん。
でも諦めない。絶対絶対諦めない。
私は私の信じた道で頑張るって決めたんだ。
そしていつか、私が作り出した何かで誰かが、
幸せな笑顔になってくれる事を願いながら。

mika

今、僕は夢を持って生きてますっ！

まだ、夢を見つけてない人、大丈夫！

夢に向かって走ってる人、一緒にがんばろうっ！

そんな友に贈ります。

「小さな夢を持ってはいけない。

そんなものは人間の魂を揺さぶる力はない」

情熱の宅配便　尾崎悦利

それが、成幸の「できちゃった結婚」。

できちゃった結婚は、もう子供ができたっていう「既成事実」があります。

なので、結婚を反対していた親も、もうあきらめて認めざるを得ません（笑）。

それと同じで、既成事実をつくってしまう。


だいたい、反対する人は、「できる」ことがわかるまで、どのみち反対し続けます。もちろん、熱意が伝わってわかってくれれば、それでいいんですが、熱意だけでは通用しない人もいます。


そんな人には、いくら言葉で言っても、通用しません。

その人を言葉で説得しようと、何度も足を運んで話し合いを重ねたところで、いたずらに時間やエネルギーを浪費するだけになってしまいます。

それよりも、時間とエネルギーは、自分の夢に対して使っていきましょう。


「説得」に使うような時間やエネルギーはないんです。

「説得」には、すごくエネルギーがいります。





私はただ今、50歳になったばかりの女です
半世紀を生き、今は平々凡々としています
こんな私にも夢半世紀有ります
宝くじを当て、家のリフォーム
なんてね　ウソ
本当は英会話を習い、外国の方と話をする
フラワーアレンジメントをやるなど
いつどこでも時間を作り、やれる物ばかりです
皆さんには何でもない、
なんでそれが出来ない、
と思うでしょう
でも、どうしても一歩が踏み出せない
でも、10年後の私を楽しみにがんばる！！

ちえこ

私の夢は、ユメの言葉どおり、
you（ユー）の、命（メイ）を輝かせる事です。
私は、ろうそくが、大好きです♪
ろうそくは、自らの身（ロウ）を燃やしています。
身を削りながら、周りを明るく優しい光で照らします☆
そのような輝ける自分になりたいです（#^.^#）

棚瀬　誠

夢は自分の本質。もともと持っている自分の中の
本当の自分のすがた
だから、かなえていいんだよ
ただ、もとにもどるだけだから

Ｂｏｂ!!



そもそも人は、「納得」しないと動かないんです。

そんな人には、あとから「成幸しちゃったんですよ〜」って報告する。成幸した姿を見せる。そうしたら、反対する理由なんて消え失せます。納得するしかない。

成幸していく過程、そのキラキラと輝いている姿、そこから生まれる結果を見せ続けていくこと。

それが、一番の説得であり、メッセージですね♪

**☆成幸するためのヒント**

やってしまって、結果を見せてしまおう。



「こうなりたい」っていうビジョンを明確に持って、それに向かって正しい方向で前向きに努力したら、必ず報われるものだと思います。
一度でいいからグラビアとかで雑誌に載りたいなぁ、と思って色々頑張っていたら、思いがけないところから話が進んで、雑誌に載れたよ♪　叶うなんて、信じられなかったことだけど。
今の夢は弁護士になって、よりよい社会をつくる手助けをすること。
信じられないほどの努力が必要かもしれないけど、これも絶対諦めずに頑張ろうって思うよ♪
これを読んだ同じ時代を生きる人みんなが、それぞれの夢を実現するために、日本のどこかで、一緒に頑張れたらうれしいなって思います。

法学部学生　あや（o> ω <o）より

「突然の訪問者」
夢というお方
いつくるか、いつくるかと　準備しては、恋焦がれ、待ちわびる
ちょっとお迎えにでても　おとずれる気配もなく、静かである
ながらく忘れた頃　自分が想像するここもない道から
ノックすることなく、まえぶれもなく　いつのまにやらおとずれる
脅かし好きの、ユーモアあふれる訪問者
心より愛を込めて……　Love you　ちっぴい

夢がなくてもいいけど、あった方がなおいいよ。
レイキヒーラー　とも

夢はと一ってもHappyになる事!!
今以上にこれからもずっと!!
み一んなもHappy !!
Ｓｈｉｒｏ　太陽の子供♪

# 武器を拾いながら走る！

前に進むときに、

「この武器が手に入ったら、前に進みます」

という人がいます。


武器にあたるのは、お金、技術、資格、チャンス、時間、時期……

武器は、待っていても降ってはきません。走っているうちに、道に落ちているものです。


もし、ドラクエをやっていて、一歩も動かず、何もせずに、最強の武器が手に入ったら、はたしておもしろいでしょうか？

動いて初めて、武器が必要なことがわかり、その武器が遠くに落ちているのに気づきます。

そして、それを拾って初めて、もっと遠くまで旅立つことができるのです。





あなたの夢はなんですか？

それがあなたの本当の夢ですか？

あなたの魂の声を聴いてください。

そして、本当の夢がわかったら……

何も考えず……ただ、思っていてください。

必要なことを学んでください。

夢も変化します。
夢が変わったとき、それがあなたの魂の成長の証です☆
凛華の夢は、あらゆる方法で人を癒したい……
ただそれだけです。
夢実現のために、楽しく学びます（￣ｏ￣）ｏ　オゥ！
凛華

夢なんて特別な人が持つものと思っていた。
けれど「何の制限もないとしたら？」と言われたら、湧いてきた。
夢や希望を　持つと、まだまだ　もっと……と
ちょっぴり自分にプレッシャーになることもあるけれど
夢や希望があるからこそ、今の自分の支えになる。
一緒に夢を叶えよう！！

With you　ソーストレーナー　みかぴぃ



走りながら、装備はそろえていく。スタートするときは、最低限でいい。「すべてがそろってから走ります」なんて言っていたら、いつまでも走れない。すべてがそろうのを待っていたら、走る気がなくなってしまう。

走るには勢いが必要です。新しいことをやるときにはパッとやる。考えても解決しないものは解決しない。

必要な武器は、走りながらそろえましょう。ちゃんと、用意されますよ。この本も、ただ「書きたい！」と話していたら、必要な人ともつながり、新しいアイデアも生まれました。

どんどん、走れば走るほど、武器は手に入ります。

そのことを信頼して、まずは走りましょう。ある程度計画したら、あとは走りながら考えましょう。

**☆新しいことにチャレンジするためのヒント**
武器は最低限準備したら、あとは旅をしながら用意しよう。



夢は今の自分の現実に希望と勇気と愛を与えてくれ
現実とのバランスを取ってくれるもの。
今はまだ現実になっていない夢へ向かって
少しずつ少しずつ行動しながら近づいていくことで
たくさんの仲間と幸せが同時に得られていくんだよ。
そうして小さい夢から大きな夢まで
一つ一つ叶えていくことで大きな幸せが生まれていく。
だからどんどん叶えていっていいんだよ。
そして夢を叶えるために一番重要な事は
「叶えたいと思うか思わないか」
たったそれだけ。

げっきー☆

自分一人が尊いのではなく、
この世界にたった一人の
自分だからこそ尊い。
「心」を「受」け入れる
と書いて「愛」。
自分の心を受け入れ、
自分を大切にできる人だけが
相手を大切にできる。
弱い自分も、ダメな自分も、
「このままでいい」と
まず受け入れることが
すべての出発点。
あるがままの自分。
これでいいのだ。
あるがままの自分。
それでいいのだ。
あるがまま。
あるがまま。

ともしびと（灯し人）　おざりん

# 「膿《うみ》出し」は「生み出し」

膿を出すのは、なぜでしょう？

それは、何か新しいものを「生み出す」ためです。

いま、世の中は、膿出しの時期かもしれません。
聞くに堪えないニュース、山ほどありますよね。
でも、それはステキな世の中になる前触れです。
人は、膿が出るのを、避けようとしてしまいます。
でも、より良くなるためには、必要なものです。
ケガしたときに、膿が出るのは、良くなるためですよね。
もし膿が出たら、何か生み出してるんだ、新しい自分を生み出しているんだ
と思いましょう。





もし、あなたの愛犬が川に落ちたらどうだろう？
おそらく助けに行くだろうが、一瞬ためらってから。
しかし、犬は主人が川に落ちると、
何のためらいもなく川に飛び込み助けに行く。
自分の気持ちに素直に行動できるとィィね。
そういう時はキラキラ輝いているよ。

蔭山洋一

2009 年の私へ。
今のあなたは悩みもがくこともたくさんあるでしょう。
でも、目標にむかって一歩一歩進んでいるから
心配しなくて大丈夫！！
２年後のあなたは、全ての目標（夢）を叶えているから。
いまのまま、ありのまま進めば大丈夫。
毎日を楽しんで！！

２年後の私より。
美容師（訪問美容師）　makimaki

「深呼吸」
何をするよりもまず
深呼吸してみよう。
ココロのもやもや
ぜ〜んぶ吐き出して、
エネルギーいっぱいのキラキラの空気
ココロとカラダの両方で
吸い込もう。
そして、
迷子になりそうなとき…
今ここにいる自分を感じたいとき…
そんなときもやっぱり
深呼吸してみよう。

深呼吸。
自分を見失わないための
私の魔法。

旅人☆あっぷるＴｅａ



世の中で、悲惨な事件が起きているその反対側で、夢を叶える人たち、キラキラ輝く人たちがたくさんいるんです。

人は、片側だけしか見えないのかもしれません。

昨日も今日もステキな人たちとたくさん出逢えました。
ステキな世の中を、生み出す人たちと。

世の中は、良くなります。愛に満ちあふれていきます。
この本を読んでくださっている方、出逢っている方々、ありがとうございます。

**☆新しい自分を生み出すためのヒント。**
膿をまずは出そう。
それは生み出すために必要なものだと知っておこう。



強くならなくていいんだよ
もともと弱く作られてるんだし
うそつかなくていいんだよ
誰も対して気にしてない
誰とも比べなくていいんだよ
ほかの誰でもないんだから
真似することすらないんだ
バカにされても傷つかなくていいんだよ
一生懸命はバカじゃない
好きなら好きと言えばいいんだよ
だって好きなんだもの
それだけなんだもの

らん

あなたは自分の事が認められないかもしれない。
あなたは周りがとても輝いて見えるかもしれない。
でも、よく見てごらん？
みんな同じではないんだよ。
あなたにとって誰かが輝いて見えるのなら、
誰かにとってあなたはとても眩しく見えているんだよ。
その輝きは生きている証。
あなたが誰かをとても大切に思うように、
あなたの事を誰よりも大切だと思っている人がいるんだよ。
もう一度、周りをみてごらん？
ほら、あなたも輝いてる。

結﨑恭哉（ゆいざききょうや）



# 無になったとき、無限の力が出る

無我夢中。
無欲。
無心。
無意識。
無私。
無条件。

スポーツを例に挙げるとわかりやすいのですが、
こうした「無」の状態になっているとき、
人はすごい力を発揮し、その姿に周りの人々が感動し、奇跡は起きます。

無になったとき、無限大になります。
無限大は、「∞」と書きますね。
無（〇《ゼロ》）が二つくっつくと、無限大（∞）になります。



もっと自分に素直になろう
そうすれば少し楽になるよ☆
自分から逃げない
自分と向き合う
自分に素直になる
頑張ることに疲れたなら頑張らなくていい
ちょっと立ち止まってみるのもいいよ
悩んでること考えたって今答えは出ないよ
いま分からなくても後から気づけばいいから
大丈夫

あややん

今のワタシにとって、一番大事なのは
最高のトモダチ
最高のコイビト
自分にイイ刺激をくれる人達ばかりです。
家族ももちろん、大切だけど、
今は周りにいる人達の刺激が
おっきくなって、家族にも自慢できそうです。
彼らが居るから、自分らしくいれそうです。
自分を諦めないで、大切な人とだけ付き合って。
きっと何年経っても、彼らと繋がっていれますように。
それが最高の幸せだとずっと感じていれますように。

G&K



よくわからなくなったとき、悩んだときは、無になりましょう。

そのヒントとして、子供のころを思い出してみてください。

日が暮れるまで、外で駆け回っていたり、ゲームに夢中になっていたりしていた、あの感覚です。

たまには、私たちもいろいろと考えずに大きな子供になっちゃいましょう。

「わーい」って（笑）。

そうすると、子供のように無限のエネルギーが出てきますよ♪

**☆無になるためのヒント**
考えても答えが出ないときは、頭を空っぽにしよう。

何も考えずに子供になってみよう。理屈抜きに。



多くの人がそれは間違っていると
口を揃えて言うかも知れない。
だけどこれが私の幸せなのだと
胸を張って言えるならば
それが正解なんだと
思えるようになりました。
いっぱい悩みました。
苦しくて、辛くて、寂しくて
いっぱい泣きました。
でも涙が溢れるのは
幸せを追っている
自分がいる証拠なのだと
気付きました。
どんなに苦しくても 私
自分の人生を諦めたりしてない。
自分の道は自分で決めるの。
自分の幸せは自分で量るの。
未来を創っていくのは
私自身なんだから。

20歳と10ヶ月と5日現在のわたし
Y.Igawa*°

これだけは忘れないでほしい。
今のあなたが全てじゃない。
あなたは、自分の可能性と、これから起きるキセキを
“まだ、知らない” ただそれだけのこと。
ココロ保育士　窪 勇人

アナタは、何かをしようとした時や壁にぶち当たったとき、いつも「やらなきゃ」「乗り越えなきゃ」でやっていませんか？アナタのやることを、わざわざ「義務」として捉える必要はありません。一度きりのアナタの人生、アナタがどうしたいか？が全てです。

中には「やりたくなくてもやらなきゃいけないこと」も、たくさんあるでしょう。ならば、「何の為にやるのか？どうなりたいからやるのか？」を、どうか見失わないで下さい。

アナタの明日が素晴らしくなると祈って…

アナタと共に輝き隊　磯野ワカメ歯ユジュカ

# 人生の豊かさを味わうためには？

どうしたら、人生の豊かさを味わえるのでしょう？

みんな同じように人生を生きているのに、その豊かさを味わっている人と味わっていない人がいるように思えます。

隆太も、少し前まではそうでした。忙しさのあまり、人生を味わえていませんでした。


「忙」という字は「心」を「亡」くすと書きます。

実際に、「忙」しいと「心」を「亡」くしてしまいますよね。

そんなときは、百パーセントの確率で、人生を味わえていません。


人生の豊かさは、「いま」生きていることを味わっているかどうかにあります。

もし、いまを味わえていないな～っていうことがあるなら、それは自分の「五感」を使っていないときです。

人生の不感症になって、麻痺してしまっているんです。




自分の意識ひとつで
顔つきが変わる。
体つきも変わる。
優しさが生まれる。
そして人が寄ってくる。
出来ると思えることが増える。
前向きになる。

努力している自分が好きになる。

そして目標は叶う。

「自分」は自分で作っていく。

「自分」によって人生は変わる。

明日倒れても後悔しない一日を
医学生　かぴばら

なりたい自分になる！

自分の人生は自分で運転する！

道は自分で舗装する！

必ずできる！

大丈夫！

絶対できる！

Yes I can！

きくち　もも

周りの人を幸せに出来る人は……
自分の事を大切にしている人＾＾
自分の事を信じ
自分の事を思い
自分を磨いている人は周りの人も幸せに出来る人！
ひまわり

ヨチヨチのベイビーステップでもいいじゃん
一歩進んで三歩下がったっていいじゃん
前（上）を向いていれば、必ず、明るい温かい
光にたどり着けるから……
だから、生きることを諦めないで……
自分との約束
梢



たとえば、歩いている子供が、犬に見とれているのが見えるか。
小鳥が、さえずっている鳴き声が聞こえるか。
草花、空気のにおいに気づけるか。
食事の、微妙な味つけ、素材が奏《かな》でるハーモニーを味わえるか。
着ている服の柔らかさ、触った感覚を感じられるか。
いまいる場所の雰囲気、あったかさを全身で感じられるか。
隆太の細かいギャグを味わえるか（笑）。

やることがたくさんあったとしても、常にこうした感覚を持っていることが大切なのです。

そのために、三つだけ意識することがあります。

「いま」「ここ」「自分」です。

過去や未来を悩んでいる、心配しているときや、「人に〇〇って言われたらどうしよう……」なんて考えていると、上の空になりますよね。



“自分らしく生きること”それは…
自分は ここに生きているってことを
自分らしく表現すること
自分の中にある力を けして忘れず あきらめないこと
Don’t EVER give up！
Vicky

自分の人生を生きる。
そうさせてあげられるのは、自分だけなんですよね。
うえちゃん

この10年、何度も生きるのをやめようとした。
働けない自分、弱い自分、親不孝な自分
ひとりで泣きわめく自分
傷付いてるのに平気な顔で笑う自分
血を見てどこか安心する自分
人に辛いといえない自分
どんどんでてくる。
でも生きてる。
「生きてるだけで充分」。
自分が自分をなでなでしてあげればいい。
「息してるね」って「凄いね」って。
自分くらい自分が抱きしめてあげよう。
明日はまた自分が助けてくれる。
でも、それは自分の後に沢山の温かい手があるから。
自分というひとりの中には実は定員ｵｰﾊﾞｰなくらい
いっぱい支えてくれてる人やものがある。
空気だってそう。
だから、私は生き続ける。
生き続けなきゃじゃない。生きたいに変えられる。
その力がある、きっと。
まず、ひとつ自分のいいところ見つけよう。

きよ

心ここにあらずです。

「いま」「ここ」「自分」を意識して、味わえていれば、すぐにハッピーになります。ブレても、軌道修正できます。

自分を見失いそうなときは、

「自分は、いま五感で味わえているだろうか？」

という質問をしてあげてくださいね♪

☆**「いま」を味わうヒント**
「自分はいま、楽しんでいるか？」

「自分はいま、五感で味わっているか？」

思い出したときにチェックしてみよう。





よくがんばったね。
うまくいっても、うまくいかなくても、
そのままのあなたでいてね。
そのままのあなたでいいんだよ。

ひばりん

自分の一番の応援者は、「自分自身」ということに気がついた。

気がついたら、他人と自分を比べなくなった。

必要なものは、全て与えられている。

さあ、踏み出そう！

自分を信じて、決断して。

はーてぃすと　たかさん

自分を大事に 大切に扱うと。周りにも優しく大切にできるよ。自分にも優しくなれる。

だから自分のことを好きになれる。わたしがそうだから。

いつまでも悲劇の主人公ではいたくない。でもそこにいると楽だった。

けど自分の一度の人生じゃん♪

変えたいって思ったら変えられる♪

すべては自分からなんだ。


くみ姫☆ハッピープロジェクト『美づくり』仕掛人



# とんでもないことを可能にするベイビーステップとは？（1）

「ベイビーステップ」という言葉を聞いたことはありますか？

これは、「赤ちゃんのよちよち歩きくらいの小さな一歩」という意味です。

自分のワクワクを見つけ、実現していく「ソース」というワークショップで使われる言葉です。

これが、夢を叶える魔法の一歩になるんです。


みんなそれぞれ、いろんな大きな夢を持っています。

でも、「やりたいことが大きすぎる」って、自分の中で思ってしまって、「お金がないから……」「時間がないから……」などと理由をつけて、やる前からあきらめてしまうことがあります。

そんなときには、「ベイビーステップ」を踏んでみましょう。


たとえば、「世界一周をしたい！」という夢があるなら、その夢を夢で終わ



失敗したこと、たくさんある。
失ったもの、たくさんある。
けど、それがなければ得られなかったものが
たくさんあった。
それは他の誰にも得られない、自分だけの経験。
自分だけの力。

他の誰にも変えられない、自分。
周りがなんと言ってもいい。
自分だけは自分を認めて、自分を信じて。
どんなに情けなくても、みじめでも、恥ずかしくても、
本当に大切なものは自分の手で守ろう。

結

自分の頑張りを誰かに認めて欲しいと思うこともある。

でも、自分が頑張っているのは、自分がしっかりみていてあげていればそれでいいんだよ。

美乃里

今年の私は、去年の私よりも、も～っと好きって言えるようになろうね (*^ ▽ ^*)

☆ラピスラズリ☆



らせないために、小さな一歩を踏み出してみます。


どこの国に行きたいか、イメージする。

ワクワクした気持ちを味わう。

「世界一周」というキーワードを入れて、ネットで検索する。

旅行代理店で、いくらくらいかかるか聞いてみる。

貯金を毎月一万円ずつでも積み立てる。

実際に行った人に聞いてみる。

英会話を習い始める。


「これだったら、私でもできるかな」ということを、何でもいいから、始めること。

始めないと何も見えないし、見えないと不安だけが募《つの》ります。

少しでも動けば、風が起こります。

風が起これば、水面には波紋も立ちます。

そこから、また新しいベイビーステップを踏み出していくこと。その連続を、ただ積み重ねていく。



笑ってますか？
笑顔を忘れていませんか？
笑えないことが、
どれだけ辛いことか気づいていますか？
自分に優しくなってください。
愛してあげてください。
そしたら、また笑えますから……
心から笑ってください。
顔全体、体全体で笑ってください。
笑っていると、幸せが舞い込んできます。
周りの人達にも、
幸せを運ぶことができるでしょう。
笑顔は天使の証

夕椿

今、頑張っている自分が大好きだ。
頑張ってない自分は嫌いだから。手を抜いたら後悔するから。
だから全力で仕事にをするんだ。
でも、時々立ち止まって、振り返って、休む事も必要だよ。
もっといい仕事をする為にね。

遠藤義之

自分が一生懸命になってる時って
いつになく真剣だしストレスも溜まる
だけど
自分のことをもう少し
甘やかしてあげよう
甘やかしてあげたら
また出発させてあげよう
ゆ〜っくりでいいんだし。

airi



それが、人生を大きく変えていきます。

ダイエットしたいなら、毎日三十分ランニングをするのはキツくても、一日に一回、五分だけ体操をするならできそうですよね？

それができたら、次は十分やってみようかなって。

隆太は、東海道五十三次の四九二キロを走りきったのですが（アホですね〜）、最初は十分のランニングから始まり、五キロ、十キロ、ハーフマラソン、フルマラソンとだんだんアップしてきました。

でも、始まりはたった十分のランニングなんです。始まりと終わりの差に注目していただけたらと思います。

もしも立ち往生しているなら、五分でもいいから、何か新しいことをやっていきましょう♪

**☆ベイビーステップを踏むために**

やりたかったことで、「これだったら、どう転んでもさすがにできるだろう」っていうよちよち歩きの一歩をやってみよう。



自分と比較して他人のほうがよく見える場合がある。
他人をうらやましく思う場合がある。
しかし、外から見てうらやましく思うほど、
その人がよいとはかぎらない。
むしろ外見と反対の場合も多い。
何より自分自身の人生である。
他人と比べるよりも、
自分が以前の自分より良くなったか、
それだけを比べていけばよいのである。
焦る必要はない。
卑屈になることもない。
比べる相手は過去の自分。
他人は他人。
自分は自分。

順子

自分を肯定しないとさ
前に進めないじゃん？
自分がとっても嫌で自分に自信がなくても大丈夫だけど……、
私はあなたの味方でいたい。
あなたは自分を肯定してあげてる？
敵じゃなくて、味方であることを選んでる？
はるかぜ

たとえ世界中の人間が敵になっても
あたしだけはあたしの味方よ
如月綾音

# とんでもないことを可能にする ベイビーステップとは？（２）

新しい一歩を踏み出し続ける人と、踏み出さない人とで、長い目で見ていくと、ものすごい差になります。

その一歩は、どれだけちがうことなのか？

ほんの小さなよちよち歩きの一歩ずつでも、毎日踏み出して成長していくこと。それを、数字で表して、毎日「〇・一％」成長したとします。

すると、
一年後には、今日、「一」だったものが、「一・四四」になります。
五年後には、一・四四が、六・一九七。
一〇年後には、六・一九七が、三八・四〇四。
二〇年後には、三八・四〇四が、一四七四・九〇三に。
エクセルで、複利計算するとこうなります。




自分が自分に納得している状態が一番幸せなのだと思います。

自分に嘘は付けません。

どれだけ辛くても、自分が本気になっている瞬間。

それがどれだけあるかだけなんだと思うようになりました。

本気であれば、叶うし、結果成長も出来る。

本気になれる事を探して、がむしゃらに打ち込む。

幸せってそんなシンプルな事なんじゃないでしょうか？？

yoppy

あなたを　愛しているよ
あなたが　どんなときも　愛しているよ
あなたを　愛しているよ
あなたが　わがままでも　愛しているよ
あなたが　嫌われていても　愛しているよ
あなたを　愛しているよ
幸せ種まき人 乙女

生きる光を見つけたとき、
人は、我にかえる。
自分のために生きるのではなく、
この世界に生きている事に気が付く。
希望のひかり。
目の前に、ひかりが降りそそぐ。
ああ、私は、生きている。
やすらぎの中に、私の愛をみつける。

やまさ

背伸びして頑張って、失敗して、本当に辛かった時に
先生から
『ヘルプを出せる人になりなさい。
ヘルプを出すことは恥ずかしくない』
と言われ涙がたくさん溢れました。
もし悩んでいたら 周りにヘルプを出してみよう
そして、助けてもらったら
次はわたしが誰かのヘルプを受け取れるように。
少しの勇気で心の糸がゆるみました。

ひい



つまり、
一年後には、「四四パーセント」成長しています。
五年後には、「六倍」。
十年後には、「三八倍」。
二十年後には、「一四七四倍」。

たった一歩を踏み出し続けるかどうかで、これだけの差がついていきます。
その伸び方は、しばらくはおとなしいです。たいして差はないように思えます。
大体の人は、そこであきらめます。でも、ある時点を越えたときから、それは
急激に高まります。その時は、やり続けていればやってきます。
あきらめないで楽しみながら、やり続けていくだけですね♪
これが、人生の差になっていきますよ。

**☆ベイビーステップを踏み出し続けるために**
踏み出すのを楽しめなくなるようなら、楽しめるくらいに小さくして
みよう。それは大きすぎるのかもしれないから。



自分が今大事にしていること
「ただ、楽しく生きる」
嫌なこと、苦しいこと、どんな状況に遭遇したとしても、
なるべく受け止め、その状況を楽しむんだ
「捉え方」ひとつで世界は変わる。
人生楽しんでいきましょう^ｏ^

しゃあ

小さい頃に書いた作文。
『ゆめは、しんじればかならずかなえられるとおもいます』
その時は強く思っていたけど、
ずっと忘れていた言葉。
今の私に贈ってくれた。
忘れていたその言葉と、想い。
ありがとう、私。

にいの

口から出るのはいつも
「自分なんて全然…」
そんな謙遜の言葉。
だけど知っているよ。
本当はいつだってキラキラに光っていたいこと。
そのためにいつもこっそり頑張っていること。
大丈夫。
なりたい自分に素直なキミはいつだってピカピカだ！！
必ずその光は誰かのもとに届くよ。
だから、大丈夫、大丈夫。
その素敵なキラキラピカピカをいつまでも忘れないでね。

なちょび

# 叶

ある仲間から、お誕生日祝いのお手紙をいただきました。
その人は、書道の師範です。手紙には、こう書いてありました。

プラスの言葉とマイナスの言葉を
口にしている時は「吐」という字
でもマイナス言葉を控えていると
夢が「叶う」

ステキですね♪

**☆夢を叶えるためのヒント**
「十」の言葉を「口」にして、夢を「叶」えよう。





あのね、自分っていうのはね
自分を分けていたってことなの。
でもね、本当は、そうじゃない
ひとつだったの♪
でもね、みんなかたっぽしか見てくれないの。
好きなとこ、嫌いなとこ
ここがだめ、あれがいい　とか。
でもね、
ほんとうは、そんなジャッジなんていらなくて
あるがままでいいんだよ。
あるがままの自分を受け入れて
受け入れると書いて（愛）
愛されるのを怖がらないで
あなたは、あなたですでにすばらしいの。
あるがままの自分をもっと愛してあげてね。
大切な自分へ
HP はまだ未完成。

miwa

自分を好きになるには、自分がやりたいと思ったことをやってあげる。
自分を嫌いになるには、自分がやりたいと思ったことを、やりたいままにする。
他人の目が気になったり、めんどうになったり、不安になったりもする。
それでも、世界で一番身近で、大切で、
自分のことを想ってくれている自分の心を大切にしてあげてください。
あなたの心が「やりたい！」と言っていること。
やるの？　それとも、やりたいままにするの？

チーム・ギネス　比嘉　孝平

誰が何と言おうと
私はこうだ！
という自分の軸を持つ。
ブレないようになれば
つまらぬことに惑わされなくなる。
選んだこと全てが正しい道へ進む。

ミル姉



# 「ノメリー・コミー」さんに会おう

「ノメリー・コミー」さん。

この人の名前を、聞いたことありますか？

夢に近づくヒントをくれる、ステキな人です。


あなたの、好きなことは何でしょうか？　その先に、います。

賢明なあなたは、タイトルの意図がわかってるかも？


そう、「のめり込み」です。

のめり込んで何かをやっている人は、夢中になっています。

夢の中にいます。時も忘れています。

人から、

「何でこんなにのめり込めるの？」

って言われたこと、ないですか？




ここで、諦めてもらっちゃ困る。

早く出そうよ、もったいぶらないで。スペシャルなやつを！！

ためらう必要なんてない。

やってから考えよう。この世に失敗なんてありえない。

智広

やりたいって思った時に行動起こさなかったら、何も始まらない。

人生、サイコーに楽しまなきゃ損だよ♪

桐子

今の自分 正しいの？
きっとね、自分にしかわからない。
正解は
自分の気持ち
自分を信じる
どんなときでも、自分を信じる
それが
もう一人の自分への最幸のプレゼント

タケ

何をやっても自分の力でどうにもならない、斜に構えてる人達に伝えたい。
・たくさんの後悔と未練は人生の足跡として、ふさわしくないわけではない。
・障害が立ちはだかり、劣等感を感じたら、もっと前のめりになって生きろ。
つまらない世の中だったらお前らが変えてみろ！
くだらない世の中だったらお前らが素晴らしい世の中に変えろ！
そのためにお前ら生まれてきたんだょ！

みぅ

オレはやれる！
オレはできる！
オレは負けない！
オレは諦めない！
オレは勝つ！
自分を信じてる（ホントか？）

御真城入彦ロマンサー

自分は、当たり前にやっているので、だいたいは気づきません。見えていません。
それは、あなたの「才能」です。
人の目は、客観的な評価です。

自分が見えなくなっているときは、人から見てもらうと、すごい気づきがあります。たくさんやっていると、自己評価と他者評価に、ブレがなくなってきます。

あなただけのノメリー・コミーさん（＝才能）を探してあげてくださいね♪
きっと、知らないだけで、すぐ近くにいるはずですよ～。

**☆ノメリー・コミーさんを見つけるためのヒント**
子供みたいに、いつまでやっていても飽きないものを探してみよう。




「みんながよければ」
「みんなの喜ぶ顔がみたいから」
みんなのためにいつでもがんばることができる
こころ優しいあなた
周りのために力注ぐ事をいとわないあなた
自分のことは自分でと
辛いとき苦しいとき平気な風を装ってしまうあなた
でも、忘れないで欲しい
あなたがいてはじめて「みんな」になることを
あなたがいないと「みんな」にはならないことを
誰独り欠けても「みんな」とは呼べない事を
だから
あなたが笑顔でいて欲しい
あなたから幸せでいて欲しい
あなたがみんなの笑顔をみたいように
みんなもきっと
あなたが喜ぶ顔がみたいから…

moca*moca

この先のわたしへ
今を楽しんでいますか？
自分の人生
それは自分が主人公
それはみんなに言えること
やりたいこと
乗り越えなければいけないこと

わたしはどっちかに偏る人生は
ちょっとつまらない
両方したい
それができた時こそ
“なりたい自分”
に近づいたんじゃないかな
ENJOY　LIFE！！！
福永ひとみ

がんばってくれて
ありがとう
わたし
mari



世界で一番シンプルな成幸法則

たった二文字です。

「やれ」

☆成幸するためのヒント
「やる」



自分は、一人しかいない。
だから、
自分にしか創り出せないすっごい自分でいこう♪
Ｙｕｚｉ＠自愉∞

「自分らしさ」…それは「色」みたいなもの
すべての人がいろいろな「色」を持っている
その「色」を好きな人がいる
もっと綺麗な「色」にしたいの？
じゃあ「色」を分けてもらって混ぜてみたらいいんじゃない？？
そしたらまた新しい「色」が生まれる
綺麗な色になったね！！
ひじり

越えられない壁は、その人の前には来ない。
今、何かにぶつかっていて苦しくても、
それを越えられるだけの力が自分にはある。
今までもそうやって乗り越えてきたこと、忘れないで。
自分を信じたら、意外と簡単に越えられるんじゃない？
そしたら「な〜んだ、こんなことか」ってすぐ笑えるよ。
わかな

「自分を変えたい」
いつもそう思ってたけど
自分の欠点に目を背けてた、気づかないフリしてた……
でも　自分の欠点をありのままに受け入れてみたら
これから頑張れる気がしてきた
変われる気がしてきた
大丈夫　まだまだ私はいけるはず！！！
ぱう

# 「園児の法則」とは？

園児の法則って、聞いたことはありますか？

たぶん、ないと思います。……私が勝手に作ったので（笑）。

これは保育園の先生のお話から生まれた法則です。人生の法則として、置き換えて読んでもらえたらと思います。

保育園の園児で、たくさんの園児と一緒になって遊んでいる子供と、そうでない子供がいます。そのちがいは、何でしょうか？

たくさんの子供たちと一緒になって遊んでいる園児も、最初から集団でいたわけではありません。

そして、たとえば、鬼ごっことか、砂遊びとか、遊びの内容が魅力的だったから、一緒に遊ぼうと思ったわけでもないんです。




好きなこと
才能
生まれもった私の使命
今生でのパートナー
自分の魂の色
言いようのない幸福

宇宙との一体感
美しさ
大きな豊かさ
自分の中に　答えも含め
すべてがあると気づいたとき
ホッとしました　☆
私　大好き（o＾.＾o）♪ special Thanks,
コンセプトデザイナー　寺西　津由子

そう、ゆっくりでいいんだよ。
焦ることは、ないんだよ。
ただ、毎日を積み重ねていくだけでも
空の色が　毎日変わるように、
雲の流れがあるように、
一日として同じ日はないんだから。

今日の空は　やさしい色だったね。
今日は　お日様がまぶしかったね。
一日として同じ気持ちの日はないんだから。
ゆっくりと　この気持ちを楽しみながら
毎日を積み重ねていこう。
きっと、いつか、大きななにかが　みえるはず。。。

おさき



その中心になっている子供がやっていたのは、その遊びをキャーキャー言いながら、「とにかくすごく楽しんでいた」だけなんです。

そうしたら、周りの子供は、とても気になってきます。

「何やってんの～？」って、寄っていきます。

そうすると、最初砂遊びなどをして一人で遊んでいた子供は、いつの間にかほかの子供に取り囲まれています。

そこで、「じゃあ、みんなで鬼ごっこでもやろうか～!!」ってみんなで楽しめる遊びをやり始めます。

ここで大事なのは、その子供自身が楽しんでいることと、もう一つ、ほかの子供たちは、遊びの「内容」に引き寄せられたわけではないということです。

〝自分が楽しんでいる〟という「あり方」に引き寄せられたんです。



こうやって生きてきた。
より
こっやって生きていきたい。
が
一番の優先順位で良いんじゃないかな

もいもい

これ以上、外見ばっかり飾り立ててどうするの？？
本当にきれいになるために、ブランドのついた服や小物はいらない。
そのままが、ありのままのあなたが一番きれい。
自分で歩ける足と情熱的なハートさえあれば
きれいに着飾ったマネキンに
あなたは絶対負けないから。

アライサキコ

複数の選択を迫られた時。
どれを選んでも良いし、自分で新たに選択枠を増やしても良い、
選ばないっていう方法もある。
正しい選択はどれだろうと、周りを気にして無難を選ぼうとする。
無難な事が正解なのだろうか？
失敗しない事が正解なのだろうか？
人は失敗から学び、成長するのではないだろうか？
失敗する事は怖い。
でも、始めから「失敗しないために選ぶ」のではなく、
本当に自分の意思で、
責任を持って選んだ道が正解なのではないでしょうか。
自分の意思で選んでも、失敗するかもしれない。
後悔しても、いいじゃないか。自分が成長できるなら。
そんな気持ちで望みたい。
人それぞれに個性があるように、
答えは何通りも無限大にあるはずだから。
「自分と向き合って、出した答え」その行動にこそ、意味がある。
可能性を摘み取らないで、
自分からあきらめないで、望めば何だって出来るはずだから。

りょん

同じようなものを売っているお店がいくつかあるなら、楽しそうな方に行きますよね？

自分が楽しんで（fun）いれば、人もファン（fan）になります。

楽しそうなところに、人も集まっていきます。自然に。

**☆園児の法則を活かすためのヒント**

「自分は何をするか？」より、「自分は楽しんでいるか？」を大切にしよう。





私の中にはいろんな私がいる。
気分によって優しかったり厳しかったり、
攻撃的だったり引きこもりだったり。
私が知ってる私と貴方が知ってる私も違う。
どれも本当で、でもそれだけじゃ無い。
自分が分からなくて当たり前、
今でさえ成長しているんだから。
初めての今を感じ続けているのだから。

すみちゃん

人の感情は移ろいやすいもの。
あんなに恋い焦がれてた人もいつの日か忘れてしまう。
でも、何歳になっても、何が起きようとも
人に永久なる感情があるとすれば
「自分のことが好きだ」ということ。

HOME

私には、
悩んでる時や迷ってる時、いつも話を聞いてくれる年上の友達がいる。

泣きそうな時や疲れた時、甘えさせてくれる年下の友達がいる。

自分を見失いそうになる時、私と言う人はこうだよと教えてくれる彼がいる。

何かある度、愚痴を聞いてくれて笑い話で終わり、明日からも頑張ろうとやる気にさせてくれる妹がいる。

沢山の人に支えられて『私』が居るっていうのを、最近やっと気付き、日々凄く感謝してます。

幸山 准子



# いいものは、あったかい

自分にとって〝いいもの〟か〝悪いものか〟がわからなくなったときに、
判断するためのものさしがあります。
そのものさしは、「あったかさ」です。
あったかいものを、人は、本能的に求めます。

あったかい人
あったかい場所
あったかい空間
あったかい食べ物
あったかい雰囲気
あったかい愛情

〝病気は、あたためれば治る〟ということもありますね。

身体の風邪を治すのは、あったかい玉子酒（いまは何だろう？）、



自分は自分のままで
そのままでいい。
他人と比べる必要なんてない。
比べるなら
きのうの自分と今日の自分を比べてみる。
ほんのちょっとでも
前に進んでいるならそれでいいじゃない。

矢吹 澄子

何か壁にぶつかった時には、目の前以外の事以外のことに向けてみよう。

どこかにきっと進めるはず。

何かきっと見つかるはず。

それはどこかにつながる一つの素材かもしれない。

江口和代

今、この時間が明日咲く花の種に成る
いつの日か、皆の元へ両手に抱え切れぬほどの幸せを
運ぶきっかけに成る。
そう信じてみようと思うのです。

踊花（ちょっと休憩中）

自分の持っている欠点やコンプレックスは、
それを自分でいじめたらますます
いじけちゃうよ (>_<)
逆にもし、自分の持っている欠点やコンプレックスを
愛して慈しんであげれば、不思議なことに微笑んで
くれると思う♪
それが、変化の兆し☆
そして、最大の味方になるのだ (^^)/

ちりちり蔦。


こころの風邪を治すのは、あったかい人の愛情。

「親交をあたためる」という言葉もあります。あったかい人には、人は安心して近づいていきます。猫はあったかいコタツに丸くなります。言葉も、あったかい言葉は、ずっと聞いていても気持ちいいです。態度も、表情も、みんなそうです。ずっと味わっていられます。

こころをあったためてくれるものは、いいものです。お話でも、感動でも。


人は、本能的にあったかさを求めます。

だからあったかさがそこにあるかどうかが、人にとって居心地の良さの一つのものさしになります。居心地のいいものからは、離れようという気持ちより、もっとその感覚といたい気持ちになります。

ずっと、

そのことを続けていたくなるか？

その場所にいたくなるか？





自分を磨く事で
もっと自分が好きになれる。

花子

永遠の為に変わり続ける。

自分が自分である為には、時には夢も変わるし、幸せを感じる所も変わっていい。

仕事だって変わる。自分という永遠を繋ぐには変わらなくてはならない。

雲だって、形はいつも違うけど、雲は雲。

自分は自分を見失うと、永遠は続かない。

一期一会、一語一縁、一つの出会い、話かけで、素敵な縁になる。

S・T・M

周りの人が輝いて見える。
なんで自分はダメなんだろう……。
あんな人みたいになりたい。こんな風になりたい。
もっと好きな自分になりたい……。
自分のことを『好き』と言ってくれる大切な人がいる。
自分にも良いところがあるんだぁ。
まずは良いところを伸ばそう。
そして自分らしさを濃くして、自分を好きになろう。
それからでいいよね。
好きなれないところを見つめるのは……。
そんなところもあるから今の自分がいる。
良いところも悪いところも認めて、自分らしさを大切にしよう。
そしてもっともっと好きな自分になろう★
大好きな自分になれて初めて、
『自分らしく』さらに素敵な自分になれるんだね。

こぐま



その状態でいたくなるか？

ということがあったかさを知るためのポイントになります。

もし、そうでないなら、自分にとって心地よくないものかもしれません。

「正しいような気がするけど、何だか、冷たい……」と感じたら、それは、生物的なイヤな勘が働いています。

背筋が凍る感じがした。

空気が寒い（ギャグがスベったのも含む）。

冷たい印象がした。

態度が冷たい。

関係が冷えてきている感じがする。

こうしたときは、「何でそうなんだろう？」って、考えてみましょう。

判断基準として、「自分の感覚」を大事にしてみてください。肌感覚で、答えをわかっているはずです。そうすれば、頭で考えてだまされたりすることや、期待を裏切られることもなくなります。



だいじょうぶ　だいじょうぶ
いろんなあなた　そのままでいいよ
だいじょうぶ　湧き上がる　毎日の　想い　そのままでいいよ
すべて　　すてきだよ
だいじょうぶ
毎日生まれ変わっているから　きのうはきのうのあなた
きょうはきょうのあなた　それでいいよ
だいじょうぶ
なにより　あなたよりあなたをしんじているからだいじょうぶ
さあこころのままにいきなさい
あなたは　さまざまな体験　をしたくて生まれたんだよ
あじわっておいで　どんな感情も
そして　ぼくとの約束をおもいだして
君を通じてぼくを表現するんだよ
どうか　じぶんを生きて　　喜ばれる存在になってね
だいじょうぶ
いつも　あなたのなかに　わたしはいるんだから
そう　いつもいつも
だいじょうぶ

今　ここ

「本当の自分」を生きていますか？
生まれたときはみんな真っ白だったのに
どんどん黒いシールを貼られて、
まわりにつくられた自分がいない？
あなたの心の中にいる、本当の自分を生きること。
私達はみな、喜怒哀楽を味わうために
～経験からたくさんのことを学ぶためにきた。
「喜怒哀楽」は喜びも怒りも悲しみもすべて楽しむこと♪
感情は自分の心を教えてくれる。
頭で否定しても、心は正直。
自分にウソはつけないよ。
自分に素直でいよう☆
どんな人生にするかも、すべて自分次第！
自分を一番に幸せにするのは自分しかいないの。
あなたがあなたのために生きる☆
今日も明日も明後日も……
自分を丁寧に生きましょう。
きっと、毎日がハッピーの連続♪

☆のぶ☆



最後に一言。
「あったかい」は、あったかい？
あっ、何だか寒くなってきた……風邪かな。寝ます（笑）。

☆「あったかさ」に気づくヒント
損得勘定など、頭で考えるより、
自分があったかいと感じるかどうかを大切にしよう。



人からの評価を気にして
自分に嘘をつかせてはいませんか
ありのままの貴方が一番素敵です。
世界中どこを探しても一人しかいない自分を
もっと愛してあげてください。

RC-ih

料理のレシピをいくらたくさん持っていても、
作らない限りなにもできないですよね。
今、自分がもっている「知識」を行動に移すことによって、
「知恵」に変わります。
小さな一歩でいいのです。
その小さな一歩が、未来を大きく変えることになりますよ。

ミスター・ツカム

そのあいだに自分にはいらなかったものをいつの間にか手放すことが出来たんだと思う。

無意識に。いや、単に持ちきれなくなってしまっただけかもしれない。

昔の自分は捨てることが苦手だった。

でも今は昔よりだいぶ手放すことが苦痛ではなくなった。

人生、持てるものは限られている。

そして、人は既に自分のなかに素晴らしいものを持っていることを、日々わが子に教えられている。

私も自分が既にもっていた素晴らしいものを少しずつ思い出している。

それを引き出して膨らまして生きていきたい、そう思うのだ。

とく



# 濃い色の人をも受け入れ、関われる秘訣とは？

隆太は、実生活やコンピューターの中で、かなり大勢の人と関わります。

そして、その一人ひとりは、すごい個性のかたまりです。酸欠になりそうなくらい、キャラが濃い人もいます。自分のこと？と思った人。そう、あなたのことです（笑）。


個性的で色や温度がちがう人たちと接するには、どうしたらいいか？


それは、自分が「水」になったイメージを持つことです。

これは福祉の仕事をしているときに、身につけていきました。


自分が、いきなり火のように熱いと、熱くない人は近寄れません。「自分はこんな色だ！」って強くいこうとすると、それに反発してしまいます。

水でいると、相手の温度、色に溶け込めます。受け入れ、同化できます。



かずみへ。
４２年間という長い間、一緒に生きてきましたね。
いろんなことがあったね。
ずいぶん長い間、かずみを好きになれなくてごめんね。
それでも、ずっと側にいてくれて
たくさんの人と出会って
今では感謝しています。
何にって？
それは、私が私であることにだよ。
誕生させてくれた両親。
ありがとう。
どこまでも、私で在り続けようとしたからこそ
笑顔で毎日過ごせるようになったから。
頑張ってきてよかった。
いっぱい流した涙の数よりもう～んとたくさんの笑顔を
これからは大切な人たちに届けよう。

笑顔配達人　和みん♪

10代の頃、私は自分が既に持っていた素晴らしいものに気づくことなく、
常に意識は外へ外へと自分にないものを得たいと向かっていた。

途中で挫折して中途半端になり、自己嫌悪に陥り、そんな繰り返し。

もっと頑張らなくてはいけないとココロでは思うのだけど、頑張れない。

イマイチやる気が湧かない。

自分で人生を切り拓いているのではなく、
母親のとても大きな力で動かしてもらっていた人生がイマイチしっくりこなくて、中途半端に反発していた。

今の自分はなんだかとっても気持ちが楽だ。

結婚して、息子を授かって、昔持っていなかったものも増えたけど、

でも、水という、自分自身の個性は失っていません。自分でいながら、相手を受け入れるという、一見矛盾したことができるようになります。

隆太がいままでに出逢ってきた、精神的に豊かに成幸している人たちは、穏やかな人が多いです。いろんな人と接してつなげているコネクターの人は、みんな近寄りやすく、「無色透明」です。

〝ありがとうろうそくさん〟という方が、以前に女性にモテる秘訣として、「無色透明でいることだよ」とおっしゃっていました。

変な色気を出すと、人は近寄らなくなりますよね（笑）。

ぜひ、お試しくださいね～♪

**☆いろんな人と関わっていくヒント**
自分が、無色透明の水になったイメージで、人と関わってみよう。

反発せずに、ただ受け入れやすくなります。






自分には、自分が一番の味方。

悩んだり、壁にぶつかったり、悲しくなったり、切なくなったり……誰にでもある辛く苦しいとき。

そんなときには自分に向けて
『大丈夫。あなたなら大丈夫。』と何度もささやいてあげてみる。

不思議だけど心が落ち着き、力が湧いてくる。

自信は自分を信じることで持てる。

自分が自分であることにありがとう。

あなたがあなたであることにありがとう。


ひまわり～心の歌唄い～

全てを成し遂げて
この世を去る成功者は
誰一人としていない
すべては道半ば
歩いた距離の長さに価値が
あるのではなく
今日も歩き続けることに
価値がある

もうひとり

何回自分に負けたって、何万回ふがいない自分に落ち込んだって
「次は絶対負けない！」
って思い続けられれば
いつか必ず勝ち続けられる日が来る！
だから
「次は絶対負けない！」
って思えてる時
実はもう勝ってるんだ！

アレキサンダー



# 期待は減点法、感謝は加点法

よく人は、ものごとや人に期待をしてしまいます。
それが期待通りだと合格、期待を少しでも下回ると不合格になってしまいます。期待通りにいってはじめて、プラスマイナスゼロだと感じるのです。

たとえば、七〇点のものを期待する。
そうしたら、五〇点のものが出てきた。
差し引き、マイナス二〇点です。

これは、ショックだし、腹も立つかもしれません。「期待を裏切られた」っていうことですから。
でも、期待しないと最初から〇点。そこに、五〇点のものが出てきた。
差し引き、プラス五〇点です。

すると、五〇点分の感謝ができます。うれしいです。



自分のやりたい事できてますか？
a. 仕事は続けているので、愚痴は言うけどやれている。
でも、仕事以外でやりたいことが多すぎる。

何をやりたいのですか？
a. 留学。大学進学。資格取得。

何からできそうですか？
a. 自分次第。

自分次第なんですよね。何をするにも。
わかっているけど。

世間体やしがらみに負けてしまう自分がいる。
そろそろその殻を破ってみてもいいのかも？
a. ほんのちょっとの思い切りが有れば。

その思い切りって？
a. 私にとっては自信だと思う。

自信はどうしたらいいの？
a. 自分を信じること？認めてもらうこと？

A. それは自分が決めること！！

cumi

10年前の自分に「あの時、ありがとな」って言える10年後って、いいよね。
「あの時は、ホンマごめんな」でも、10年後元気なら、それでいいよね。

カーチャン　*Angie*

自分のハート☆（心）が本当に喜ぶことをしよう♪♪
頭で考えて動くのではなくて。。。
今、あなたの心は喜んでますか？

あやや@天女

期待すると、マイナスしかない。その期待が大きすぎれば大きすぎるほど。

たとえば、大学時代の合コンで、「かわいい子がたくさん来るよ～」って言われると、とっても期待してしまいました。その後……その膨らんだ期待はシャボン玉のように飛んでいきました（笑）。あの頃は、若かった……

金メダルをとって当たり前の選手が銅メダルをとったら、すごいバッシングです。

一方で、無名のまったく期待していない選手が銅メダルをとったら、もう大喜びで「銅メダル、とってくれてありがとう！」って大感謝ですよね♪

期待は「減点法」、感謝は「加点法」なんですね。

期待をせずに、感謝でものを見ましょう♪

**☆感謝できるためのヒント**

最初から、過剰な期待をするのはやめよう。
五〇点とれたら、五〇点をとれたことに喜んで、感謝しよう。





自分のお尻を叩くのは痛いから止めてあげて。
叩いた所で早く走ることも出来ないし、
人様が驚くような瞬発力を持ち合わせている訳じゃあないんだし。
それより自分を誉めてあげよう！
たくさん頭をなで、自分のよき理解者になろう！
自分が自分を認めないで、誰が認めてくれるの？
さぁ、自分は誉められると伸びる子なんだ。
惜しみなく誉めてあげよう！

牛歩隊長 いまこ

今の自分……
過去があるから今がある。
すべては偶然ではなく必然。
自分が選んで生きてきたということ。
自分次第で未来は変わる。
すべては自分次第。

ISD

自分を追い抜く人たちの後ろ姿ばかりですか。
ゆっくり進む自分を蔑む人の笑った顔ばかりですか。
前に進もうとする自分を優しく見守ってくれる人の姿。
懸命に前を向いている自分と同じ目線になってくれる人の笑顔。
ちゃんと見えていますか。そんな人たちの存在を。
ちょっとコースの脇に行ってみよう。そこには何が見えますか。
そっと小さく凛々しく咲く花が見えるかも。
小さく懸命に働くアリが見えるかも。
走り続けていたら知らないモノや見えなかった存在
そこにはたくさんの発見があるのかも。
ゆっくり歩いてみたら、そっと立ち止まってみたら
ほら、元気出たかも。
だって、走り続けたら息が切れちゃうでしょ。
歩いたり立ち止まったりしたら、ほらいっぱい空気が吸えた。
空気いっぱい吸ったら、ほらいっぱい空気吐けた。
吐く息と一緒に嫌なものも一緒に抜けてく。
立ち止まって深呼吸。いっぱい深呼吸。
いっぱい空気吸えたら、さぁ出発。
道は長い。だけど時間もいっぱい。
ゴールは遠い。だけど一歩一歩ちゃんと歩いてる。
その一歩は大きな一歩。確実に歩いているっていう素敵な証。

ともか



# 人生をあきらめる

「あきらめる」

って言うと、普通は、ネガティブな印象ですよね。「お前、あの子のことあきらめるの?」とか、「あきらめたら、そこで試合終了だよ」とか。
でも、これは、そもそもネガティブな意味ではないんです。

仏教の用語が語源で、
「明らかに眺める」「明らかにする」
っていうのが、本来の意味です。
だから、自然のものをただありのままに、眺める。そこに解釈を入れずに、ただ「受け入れる」ということです。変えられるものは変えられるけど、変えられないものは変えられない。

隆太は、福祉の仕事をしていました。このときに学んだ智恵です。



「苦しみの向こうに楽しさがある。楽しむには一生懸命やること」
なにか、病気と闘うことだけが人生になるのかと思ったときに、
自分を好きでいれば、自分の好きなことができるようになったり、
苦しみばかりを受け入れて何もいいことはないと思っていたのに、
良いことや楽しさが待ち受けていると知れたこと、
これが自分の人生のターニングポイントかもしれない。
あきらめかけていた人生を取り戻してくれたこの言葉にとても感謝したい。
「あきらめないで、一生懸命何かをすれば、良いことや楽しみが向こうからやってくる」
これを自分の標語として、今後病気と闘いながら、人生を歩んでいきたい。

ぐっさんK

『フルマラソン』
人生はフルマラソンみたいなもの、なのかも。
生まれた瞬間がスタート。
スタートが生まれたと同時にゴールが生まれる。
先が見えないくらい長い長いこのマラソンコース。
長くて遠くて険しくて、息が切れてしまいそうになるくらい。
スタートした瞬間から、一生懸命ゴールに向かっていく。
共にゴールに向かうたくさんの仲間たちがいるでしょう。
そんな仲間たちとたくさんの景色や出来事と出会うでしょう。
私たちを優しく見守る美しい景色たちとも出会うでしょう。
だけど、時々足が絡まって転んでしまうの。
だって、このコースはとても険しいから。
たくさん怪我をして、たくさん傷付いて、
転んだ所からなかなか上がれないかもしれない。
でも、私たちにはまた起き上がって進むための足がある。
でも、私たちには誰かの手を差し伸べるための手がある。
でも、私たちはまた前に進もうと考えられる心がある。
だから大丈夫。転んでしまったって大丈夫。
ずっとずっと全速力で走って疲れたでしょう。
まだまだ先は長い。そんなに走らなくても大丈夫。
そろそろ歩いてみよう。そろそろ立ち止まってみよう。
その時見えた景色はどんなものですか。

人の命も含めて、サポートして良くしていく二つの業界があります。それは医療と福祉です。目的は、二つとも「人を助ける」ということで一緒ですが、アプローチが異なります。

たとえば、ある人が、交通事故に巻き込まれ、脳の障害で左半身がマヒしてしまったとします。病院に入院して、治療をします。その後、リハビリを頑張ります。でも、動かなくなったものは、いくら努力しても限界があります。特に高齢者になればなるほど、ある程度までしか動かないことが多く、あとはやったとしても苦痛だけが積み重なっていきます。

それでも、医療は、最善を尽くして、回復できるところまで回復をするように、最後まで「あきらめない」アプローチを試みていきます。

こうした病院での治療が終わり、退院してきた人たちの生活のサポートをしていくのが福祉の世界です。では、福祉の人の役割は、何でしょうか?

福祉の人は医療のように治せません。では、どうするか?

「あきらめる」んです。

動かない左手、左足を動かそうとしても動きません。でも、反対の右手、右





今自分はとても苦しい。生きる夢や目標を失ってしまったから。
思いもかけず、うつ病という病にかかり、
好きでもない病院に行き、治ることだけを目標に生きてきた。
やがて、容易には治らない現実と向き合い、
今も続く苦しみとそのあがきを味わっている。
そんなときに二つの言葉に出会った。
「自分を好きでいようよ。そうすればきっと良いことが起こると思うよ」
どこかのネットにでも載っていたのか、出典ははっきりしない。
もうひとつは、プロサッカープレイヤー「松井　大輔」のある番組でも言葉、

自分を愛し人を愛する。いろんな事学びながら自分らしさで生きていきたい☆
聖子

物事とは
できる、できないではなく
「やる」か「やらない」かだ。
とも@京都

もっと強くなりたい!!
自分に自信を持って何にも負けないように強くなりたい☆
さやか

自分のペースを大事に生きていきたい。
R・K



足は動きます。こちらは、バッチリ動きます。

もしその人が書道が趣味なら、その右手で筆を持って好きな書道ができますよね。目は見えるから、好きな映画も観れます。杖をついての歩き方を覚えれば、外出もできるし、居酒屋に行ってお酒も飲めますよね。

いかがですか？　やれることが、たくさんたくさんあるのに、気づきますか？
そういうアプローチをすることで、人はイキイキしてきます。
みんな、持っていないもの、欠けているもの、足りないものに目を向けます。できているものより、できていないものに目が向きます。
「あきらめる」は、ありのままの姿を見て、そこから前に踏み出すための、前向きな言葉です。

フラれた彼氏、彼女のことを「あきらめない」で、ずっと過去にしがみついているより、「あきらめて」、ほかにあなたのことを好きで、待っている人たちに目を向けたほうがいいと思いませんか？(笑)。



人とくらべなくてもいいんだよ
そんな事は無意味なだけ
だって産まれた月日も
顔も体型も
能力だって違って当たり前なんだから。
くらべなくてもいいんだよ
あなたはあなただから
あなたと同じ人は
この世にひとりもいないのだから
くらべなくてもいいんだよ
ありのままのあなたでいい
そのままのあなたでいい
くらべることは無意味なのだから。
Tamao

「自分として生きる」
何をしてもいい。
他人の許可なんかいらない。
自分が心地好いことをして
生きればいい。
自分として生きることを
自分で自分に許可してあげればいい。
何をしてもいい。
自分として生きるのは
一度しかないのだから。
のんびり平淡に生きても、
やりたいことを目一杯詰め込んで
活動的に生きても。
この人生を生きている自分を
味わいつくそう。

smileflower

そう、「あきらめる」というのは、プラスマイナスゼロの場所に立って、スタートするためのものなんです。できることに、あきらめることで、はじめて前に目が向きます。そして、感謝ができるんです。「右手が動くって、本当にありがたいな」って、空気のように当たり前だったものに気づくんです。

できないもの、変えられないものはあきらめて、できること、変えられるものに目を向けましょう。

持ってないもの、できないものを探す「ないものねだり」はやめて、持っているもの、できるものを探す「あること活かし」をしましょう♪
人生の楽しみが、たくさんあることに気づけますよ〜。

**☆人生をあきらめるためのヒント**
できることはあきらめない。できないことはあきらめる。
その区別をしよう。





私が生きてる今この瞬間もかけがえのない・１度きりの人生だから☆
１分１秒無駄な時間なんてありゃしない。
例え、自分を見失いそうになったって、前に進めなくなったって、辛くって全部嫌になったって……
それが自分自信だから、誰ともかわることはできないから。それなら
貪欲にこの人生生き抜いてやろーと思う。

saaya

『突破力』
それは、順調なときには発見できない。
壁にぶち当たったとき、
どん底に叩き落されたとき、
初めて気づく、自分の中の未知数のパワー。
プロジェクトN　忠海（ただうみ）佐知

さぁ がんばってみよぅか
疲れたときにはほっこりと (^-^)
ゆく - りお茶でものんでみて
落ち着いて元気になったら
またみんなできれいな花を咲かせましょ
とびっきりのスペシャル笑顔～ !!(b^ ー゜ )
けぃ



# ステキステッキの魔法

「ドラ☆も～ん、みんながキラキラするにはどうしたらいいの～?」

「しょうがないな～、りゅう太くん。これをあげるよ」

チャラララッチャラ～♪

「ステキステッキ～」

ということで、自分や人に対して、ステキなところを見つけるステッキ（杖）をドラ☆もんからもらいました（笑）。

そのステッキとは……人と会うときに、

「この人のステキなところはどこだろう?」

っていう質問を考えてみることです。

このステッキを振ると、「ステキさ」に意識が行きます。そして、その「ステキさ」を際だたせて、拡大します。そうしたら、その人に
「○○がステキだね!」

って言ってあげてください。小さなところでかまいません。ステッキを振る



『欠けた月も同じ月』
足りない部分があっても
今の自分を否定しないで
「欠けても輝いている」
そう思えば
いつかくる満月の時には
きっと人一倍
輝くことができるでしょう
ぷにゅ～

自分の事なのに自分がわからない。

何が好きで何がイヤって感じるのか・・・。

今までいい子でいる為に自分の感情に蓋をしてきたのかもしれない。

汚い感情は見ないふりをしてきたのかもしれない。

でも、私は好きなものは好き！嫌いなものは嫌い！って言える自分でいたい。

自分に凹む事はこれから先いーーーっぱいあると思うけどキラキラして生きていきたい。

私は私が大好きです！！

ちゃい

いつも頑張ってくれてありがとう。
いつも自分の事より相手の気持ちを汲んでくれてありがとう。
いつも場を和ませてくれてありがとう。
いつも健康に気をつけてくれてありがとう。
いつもより良い生活を考えてくれてありがとう。
いつも優しい言葉を運んでくれてありがとう。
いつも相手の立場に立ってくれてありがとう。
いつも人の為に惜しみない努力をしてくれてありがとう。
いつも、いつも。。。ありがとう。
そうやって自分を毎日褒めてあげようよ（^－^）☆
そうしていたら、絶対みんな幸せだから♪♪

岩本恵美（いわもとえみ）

「回数」を意識することが大切です。

人から振ってもらったら、「ありがとう」と言ってあげてください。人から、ステキステッキを振ってもらっているのに、気づかない人もいます。

そんな人にはこう言いましょう。

「ステッキを捨てっ気か？」

うひゃー（笑）。

**☆ステキステッキを振るためのヒント**

「ステキなところはどこだろう？」っていつも意識しながら、人と会おう。そして、言って伝えよう。





人の為には一生懸命になれるのに、自分の事だと我慢してしまう。
自分を幸せにできるのは自分だけだって気付いてからは、
そんな自分を少しずつでもいいから変えていきたいと思ってる。
すぐに変わる事はできなくても、毎日一歩ずつでも進んでいきたい。
変わりたいと思った時から未来は変わり始めてる！
自分をたっぷり愛してあげたい。
新しい扉はもうすぐ開く

ラン

前を向いて、歩こうよ！

ハッピーマツダ（父）

男に生まれてれば……。
ずっと思ってきた事。
でも違うんだ。
性別なんて関係ない。
オレはオレなんだからさ！
これからもオレらしく
熱く熱苦しく生きていく。
フリーダムで
ボーダレスな世界を
作ったるぜ！！！

僕ちょぶえもん

正しくやるな！優等生でなくていいよ……

むしろ……

失敗を楽しもう。

人生一度。

冒険だ！

Suiha



# 想いの内出血を起こさない

内出血ってありますよね。

外から見た分には、血は出ていませんが、皮膚の中では血が出ています。

内出血はなかなか跡が消えません。自分の中で、消えずに溜まってしまっているんです。

自分の想いも、ときどき内出血を起こします。

傷が表に見えると、あの人、ケガをしたんだってわかってしまいます。恥ずかしいですよね。でも、治りは早いです。内出血よりも。


たとえば、好きな人に告白して、フラれた。

すると、心に傷ができます。でも、次の恋をすると、その傷は癒されて、かさぶたになります。外気に触れることで、血は固まることができるんです。


何かをすると、みんな傷を負います。

それは、あなたの「冒険料」です。




「自分は○○したい……」 そう思った時は、その場で発信しましょう！！

相手にどう思われるか……とか周りの目とかを気にする必要はありません。

内に秘めているだけでは誰にも伝わらないから……。

発信し続けることが大切です。その時叶わなくても、いつかキャッチしてくれる人が現れます♪

人ってひょんなところでつながりがあったりするものだから……。

思った時に思ったことを発信して、私は転職も、部署異動も、再就職も、自分の希望の道に流れていきました♪♪

だから、自分を信じて発信し続けてくださいね♪

もちろん、いつも人とのつながりを大切に……。

幸せ∞運ぶま～ちゃん

「自分はすばらしい」
その自分を作ってきたのは一体誰か？
宇宙根源のすべての神様であり、
幾多のご先祖様からのたまものであり、
そして自分を取り巻くすべての人々、
宇宙からの自然からの恩恵で自分がある。
だから今こうして奇跡として生かされているのだ。
だからこそ、そういう自分を常にほめてあげよう。
「自分はすばらしい」と。

平島明男

以前は、あれも足りない、これも持ってないって、
自分に無いものばかり探していたけれど。
少しずつ、あれもある、これも持ってるって、
あるものに目を向けられるようになって、
いつの間にか自分にも周りにも笑顔が増えました☆
まだ､自分のこと「全て好き！！」とは言えないけれど。
1年前よりも、1ヶ月前よりも、1週間前よりも、好き。
そんな風に、ちょっとずつで いいんじゃない？

ファウンテン

想いを出すのは、勇気がいります。

でも、たとえ傷つけ、傷つけられたとしても、それは勇気を出したものに与えられた「勲章」になります。心のかさぶたの数が、あなたの勲章です。

こうしたかさぶたがすべて、あなたの魅力になります。

想いを想いで終わらすのではなく、言葉、行動、あり方として、人に見せる。

そこでもし傷ついて、かさぶたができたら、一緒にお祝いをしましょうね。

「よくやったね、おめでとう！」

って。あなたの生きた証がまた増えましたから。

☆**想いの内出血を起こさないためのヒント**
想いを外に伝えよう。傷ついても治りは早いですよ♪





何があっても自分は最幸だよ！と信じよう (^_-)-☆
まず、笑おう！
カラダをクネクネさせてみよう！
それでもメゲそうなときは、
アノ一言を！
「魔法をかけちゃうから大丈夫だよ！」

シンジルタント　まがちゃん

もし、あなたの愛犬が川に落ちたらどうだろう？
おそらく助けに行くだろうが、一瞬ためらってから。
しかし、犬は主人が川に落ちると、
何のためらいもなく川に飛び込み助けに行く。
自分の気持ちに素直に行動できるとィィね。
そういう時はキラキラ輝いているよ。

蔭山洋一

ありがとうございます。それは愛のある言葉。

ありがとうございます。それは感謝の言葉。
ありがとうございます。それは最高の言葉。

ありがとうございます。それは大切な言葉。
ありがとうございます。それは仲よくなる言葉。

ありがとうございます。それは波動の高い言葉。

ありがとうございます。それはまっすぐな言葉。
ありがとうございます。それは優しい言葉。

ありがとうございます。それはラッキーな言葉。
ありがとうございます。それは輪が広がる言葉。

ありがとうございます。
それはあなたにとってどんな言葉？

平島明男



# 「心配」より「信頼」しよう

自分を、信頼しよう。
人を、信頼しよう。
仲間を、信頼しよう。
人生を、信頼しよう。
家族を、信頼しよう。
能力を、信頼しよう。
直感を、信頼しよう。
未来を、信頼しよう。
神様を、信頼しよう。
宇宙を、信頼しよう。
まずは、自分から。

こわい？　裏切られる？
どうなるかわからない？



人が感謝するときは、何か嬉しかったり、成功したり、
心がゆとりを持てた時だと思う。
本当は感謝すべきことでも、心にゆとりがなければ
なかなか気付かない。
そして身近なことほど見えにくいのだ。
些細に思えるものこそ、
とても大切で自分にかけがえのないもの。
仲間や家族、恋人やメル友、
たまに鬱陶しく感じてしまうけれど、居なければ心に穴があく。
心ない対応は後悔してしまう。
だから、言いづらくても『ありがとう』を言いたい。

生活は辛いけど生きている。
側にいてくれる人がいる。
それを当たり前に思わないで自分を見てみると、
その、当たり前のことに感謝してしまう。
一歩引いて、心にゆとりを持って考えていければ、
今よりちょっとだけ幸せになるかもしれない。
よね。
こう思えるようになれたことに感謝！周りの皆のおかげです。

本当に、ありがとう。

ふー

「彼と出会いに感謝。。
彼と知り合う前は自分の弱い所や悩みを一人で抱えて
溜め込んで苦しくなって，，
時間をかけて無理矢理に消化していた。
でも、彼と知り合って私のちょっとした変化に気付いて
心に溜め込んでいる事を
理解して優しい言葉や広い心で受け止めてくれる。。
そんな彼と出会えた事が私には大きなキッカケで、
「自分の弱さや悩みを相談してもいいんだ・・。」って
思えるようになった。。
私が元気で笑顔でいれば彼も元気で笑顔になれる。
だから、これからは
彼が元気で笑顔でいる事で私も元気で笑顔になれるくらい
大きな心の持ち主になりたぃ。。
私の価値観やメンタル面を変えてくれた彼に心から感謝します。
『ありがとう。』

MAYA



「心配」より「信頼」です。
心配すると、心配事が返ってきます。
信頼すると、信頼されます。

大丈夫。
そう言っている隆太を信頼しよう（笑）。
信頼しなくても、私は信頼しています。
世界一大事で、信頼したい人だから。
最後には、すべてがうまくいくって、わかっているから。

**☆信頼するためのヒント**
いままで心配して、何かいいことがありましたか？
心配しても、状況は良くなりません。
だったら、信頼しよう。



ありがとう。あなたに出会えて良かった。
私に生きる理由をくれてありがとう。
あなたがいなかったら
もう二度と人を愛せなかったかも知れない。
今日お誕生日を迎えるあなたにありがとう。
あなたを産んでくれたお母さんにありがとう。
あなたをこの世界に送り出してくれた
お母さんとお父さんの出会いにありがとう。
私とあなたが出会った偶然にありがとう。
私にはあなたが必要です。
今、あなたがココにいることに心よりありがとう。
どれか一つでも欠けていたら出会えなったね
すべての偶然と言う奇跡にありがとう。
だから生きてるってこんなに
幸せでワクワクするんだってもう一度思えたの。
ありがとう。の言葉だけでは物足りない。
でも、ありがとう。以外の言葉なんて見つからない。
だからもう一度いうね。【ありがとう。】
それはとても人の心を暖かく満たしてくれる魔法の言葉

ミ☆　月天心　紫月

何事にも感謝する。

そうすると“感謝したいこと”が、向こうからやってきます。

ますます、“感謝”で満ち溢れます。幸せになるってカンタン。


五体満足に、ありがとう。今日、生かしてくれて、ありがとう。

ステキなおうちに、ありがとう。あったかいおふとんに、ありがとう。

両親に、愛し合ってくれてありがとう。

産んで育ててくれて、本当にありがとう。

佐藤　智子

“ありがとう”って言うだけで、
あなたに笑顔の花が咲く。
その笑顔の花で、
私の顔もほころぶの。
“ありがとう”って言葉は
相手にとっても、
自分にとっても、
素敵な贈り物になるんだね。

花笑み



# わからないときは、ほっとく

人は、わからないものを何とかしてわかろうと努力します。わからないと、気になります。わからないときは、まず調べます。人に聞きます。

それでもわからなければ、ほっときましょう。

わからないのは、そもそも必要ないからです。必要なものは、わかります。

隆太は、ヘブライ語はわかりません。ゲイバーでの作法もわかりません（笑）。ヘブライ語やゲイバーのことは必要ないからです。もし必要になれば、自然にわかるようになります。

わからないものはそのままにしておく。わからなくても、不安にかられなくていいんです。ほっといて、わかることをやればいいんです。

将来はどうなるか？

人生はどうなるか？

結婚はどうなるか？

仕事はどうなるか？



18歳の時、うつ病を発症しました。
口もきけず、表情もなく、
やがて車椅子を押されるようになりました。
あれから９年――今は元気です。
それは、臥している時に　見守ってくれたから。
立ち止まった時に　背中を押してくれたから。
歩き出した時に　励ましてくれたから。
また立ち止まった時は　元気付けてくれたから。
何も出来ない私にも　感謝の気持ちをくれたから。
話を聞いてくれたから。

ずっと支えてくれる大好きな先生と 家族と 彼と 友達に
『ずっと感謝をし続ける』
それが最高の恩返し。
そう思っています。
い つ も　本 当 に
あ り が と う ！

家事見習い中　　きらりさ☆*

「孫と言う存在は！
貴方達が産まれて来なかったら、既に家族を失っていたかも知れない。
貴方達が産まれて来なかったら、
暖かさに満ちあふれる心を忘れていたかも知れない。
貴方達が産まれて来なかったら、
私はもう人生を捨ててたかも知れない。ありがとう、ありがとう。
貴方達が居るからこそまた頑張れる！
もう一度人生を走る事ができる。

yuki C ママ

この出会いに感謝します。
同じ年の同じ日に生まれた
貴方と出会い…

そしてあなたと結婚します。

木下

世界はどうなるか？

ある程度の予測はできても、できることは限られています。そのときになってみないとわからないことは、たくさんありますし、それを心配して、いまやることがおろそかになってしまうのが、一番恐いです。

車の構造はわからなくても、運転はできますよね。構造のことはメカニックに任せればいいんです。すべてをわかる必要はなく、いまわかることが、必要なことなんです。

わかることを、しっかりやって、わからないことはほっときましょう。そのうち、わかることが増えているのに気づくはずです。

**☆わかることをやるためのヒント**

自分や未来を信頼して、いまはわかるものとわからないものの区別をしていこう。そして、わかるものからやっていこう。





悩んでる時
真剣に話を聞いてくれた
悩んでる時
一緒に悩んでくれた
泣いてる時
黙って横に居てくれた
泣いてる時
一緒に泣いてくれた
ありがとう。

ｱﾅﾀが居たから頑張れた。
ありがとう。
ｱﾅﾀが友達で良かった
ｱﾅﾀと出会えて良かった
ありがとう。
ありがとう。伝えた事は無いけれど本当にありがとう。
忘れてた感謝する気持ち
思い出す事が出来たのもｱﾅﾀのお陰。
ありがとう。

学生 みき

なんとなく出ちゃう「ありがとう」が、とっても嬉しかったりして。

なんとなく出ちゃう「ありがとう」の笑顔にきゅんってなったりして。

なんとなく出ちゃう「ありがとう」を、あと何回見られるかなって考えたりして。

また今日も、なんとなく「ありがとう」が出ちゃうように作戦を練るんだよ。

なんとなく出ちゃう「ありがとう」に、なんとなく「ありがとう」って思ったりして。

歌これから社会人　あっさむ



# 「守る」より「護《まも》る」

「まもる」という言葉には、二種類の意味があります。

よく使うのは、「守る」の方です。


「守る」という言葉は、何かの攻撃から「身を守る」というように、自分自身が「反応的」、「受動的」になるような状態です。

基本的に、「自分」が主体で、何者からか攻撃があって、それを防御するようなイメージ。


「護る」という言葉は、少しニュアンスがちがいます。

「守る」より、より「積極的」、「能動的」、「主体的」です。

そして、一番ちがうのは、自分以外の「人」に対してすることであるということです。大切なもの、人、存在を護る。そのためには、自分から動かないと護れません。



感謝の気持ちを持つことで、素直になれる
苦しんでいた悩みが、軽くなったりする
感謝の気持ちを持つことは、人間の心を優しくさせる
やる気を失った心が、明るい未来を見ようとする
傷ついて落ち込んでいた自分が、前向きに生きようと思う
感謝の気持ちを持つことで
世界がなんだか明るく見えてくる
感謝の数は生きてる分だけ増えてる
毎日ごはん食べてること
涙すること　悔しいと思えること　叱られること
ケンカすること　悩みがあること
せんぶせーんぶ感謝しよう
生まれてきたときから今までもこれからも
みんな人に支えられて生きてる
自分がひとりの人間として生きてる証拠
感謝の気持ちを持つことで、笑顔になれる
感謝の気持ちが伝わることで、周りの人も笑顔になれる
ありがとう

まみりん

いつこ！
そう呼ばれるだけで
自分の存在を許されたようで
幸せな氣持ちに
満たされるのです。

大好きな友人達へ
人付き合いも器用には出来ないし
いつも言葉がつまってしまって
話すのに時間がかかってしまう
自分だけど、
それでも
急かすこともなく
笑顔で話を聞いてくれる。

貴方達の存在に、
何度救われたことでしょう。
「ありがとう」の言葉だけでは、
自分の感謝の氣持ちを伝えるには
到底足らないけれど、
今はその言葉しか見つかりません。

本当に
本当に
ありがとう。。

伊津子

自分に降りかかってきたものだけを振り払うより、はるかにレベルが高くなります。人への攻撃をも防ぐのですから。誰かの護衛などまさにそうですよね。親の愛情は、子を護ってくれています。ご先祖様は、いま生きている人たちを護ってくれています。

やさしさだけだと、自分を守るのが精一杯でです。強さがないと、人を護れません。ただ、最終的には、護られているその人が、主体的に動けるようになる必要があります。

それが、本当の意味で、護るということかもしれませんね♪

**☆護るためのヒント**

「この人のことを護りたい」という人を意識しよう。
護りたい人がいるとき、人は強くなります。
子供ができた母親のように。





ずっと　人と出会ったことに
感謝したことなんてなかった
それが最近になって
今までの短い人生の中で
出会えたたくさんの人の存在が
かけがえのないものだとわかった
今まで出会えた人に感謝
これから出会う人にも感謝
ありがとう

ハル

むすめが生死をさまよい奇跡的に助かった命。今は元気一杯生活していることに心から感謝しています。
自分が苦しみの中で崩れそうになった時暖かく支えてくれた友人の存在に心から感謝しています。
自分の大好きな歌の仕事が出来ることに心から感謝しています。
毎日、いろんな出来事を経験し、良きことも、悪しきことも全て自分の財産になっていることに心から感謝しています。
毎日毎日、感謝の心を持って生活できることは最高の幸福感を感じます。
命ある限り、私は感謝の心を忘れないで生きていきたいです。

檀上　聖歌



# 心のトイレに行こう

普通に生きていると、怒り、悔しさ、悲しみ、憎しみ、妬みなど、よくネガティブと呼ばれる感情を持つことがあります。愚痴や悪口もそうです。

そういうときに、どうしますか？

「怒ったり、悪口を言うのは、良くないことで、喜び、楽しさ、感謝など、ポジティブと呼ばれるものしか出してはいけない」というような価値観を持っていると、「自分の中から出してはいけない」と思って、ネガティブと呼ばれる感情を溜め込んでしまいます。

そんなとき、ネガティブなことは良くないということで、ポジティブな感情に置き換えようとしても、うまくいきません。あるものを見てみないふりをしているようなものです。隆太もそうでしたが、やり方があるのです。



どうして生きているのかなと気持ちになった時、
ある小児科の先生の講演会を聴きに行きました。
講演会の中で、マザーテレサの話になり、
人に命の長さは誰にも決める事は出来ないんだよと言われ、
この世に生かされている事に感謝の気持ちが湧いてきました！
先祖から受け継がれている命に感謝！！感謝！！

ゆりやん

「生まれてきてくれてありがとう」

直樹

ありがとう。

望月　（長野在住）

かつて若かったとき、何やってもうまくいかなくて、
何もかもに失望して生きてても仕方ないと思って自暴自棄に
中途半端に生きてきました。
私のことなんか誰も必要としてないと思っていました。
自分の居場所を見失っていました。
そんな私を救ってくれたのは学生時代のバイト先での仲間たち、
社会人になってさまざまなプロジェクトで支えてくれた仲間たち、
さまざまなイベントで出会った人たち、
そして再入学した学校の友人たちでした。
あなたたちのおかげで私は生きていられます。
生きることのすばらしさを知ることができました。
この言葉だけじゃ足りないけど、
この言葉しか思いつきません。
ありがとう。

やうちん

じゃあ、ネガティブな感情を抱えているときはどうしたらいいのか？

それは、心の「トイレ」に行くことです。

言うに言えなくて、心の中にモヤモヤした気持ちが溜まっているときは、心が「便秘」しています。便秘をしていると、おいしいものも、おいしいと感じられません。それでも出さないと、感覚が鈍くなって、マヒしてきます。

心も身体と同じで、お通じがないといけないのです。溜まっているものは、絶対に出す必要があります。そうしないと、病気になります。

でも、出すのにはマナーがあります。

「バカヤロー！」とか公衆の面前で大声で言っているのは、周りに迷惑ですよね？（笑）。

なので、出していいときに、出していい場で出すことです。トイレと同じで、場をわきまえて。

たとえば、





私を生かしてくれて、ありがとう。
私に気づかせてくれて、ありがとう。
私を支えてくれて、ありがとう。
私を守ってくれて、ありがとう。
私を生んでくれて、ありがとう。
私を育ててくれて、ありがとう。
反面教師になってくれて、ありがとう。
私のところに生まれてきてくれて、ありがとう。
私と結婚して、楽しい生活をありがとう。
好きなことをやらせてくれて、ありがとう。
元気でいてくれてありがとう。
暖かいおうちをありがとう。
私を認めてくれて、ありがとう。

ルナ

気づいてますか？あなたの周りに愛があるってことを。
あなたの足元の花、風の音、何気なく聞こえてくる歌、
月や星の輝き。
心を閉ざさないで下さい。ほっといて、と言わないで。
今あなたに知ってほしんです。声はださないけれど、
あなたの周りにある優しさに。
すべてが敵だなんていわないで。
もう一度周りをみてごらん。
そこには小さいかもしれないけれど、あなたへの愛・・・
あふれています。
道に迷ったら、立ち止まったらいい。そこで見つけて、
小さいけど大きな愛。
寄り道したらいいじゃない。
寄り道するといろいろな発見がある。それが人生。
悩みにさえも、ありがとう。だって、
こんなにも素敵な発見ができるから。
自然って、宇宙って大きいね。ありがとう。

ブタのしっぽ



○コーチ、カウンセラー、受け止めてくれる信頼できる人に想いを吐き出す。
○人に言うのが恥ずかしければ、一人カラオケで、その感情を味わいながら、悲しみ、泣き、歌う。
○紙に、溜めてて言えなかった想いを、ありったけ書きなぐる。

どんな方法でも良いので、自分の中から全部出してください。出すのが目的なので、言ってもいいし、歌ったり、紙に書いたり、手段はお好みでどうぞ。

そうして完全にスッキリしたら、きれいな紙でおしりを拭いて後始末をします（笑）。そう、自分に対して「ありがとう」と、きれいな言葉で言ってあげてください。

そうすると、空っぽになっているので、うれしい、楽しい、幸せ、感謝などポジティブと呼ばれる感情も味わえるのです。

喜怒哀楽とセットになっているように、感情はただの感情です。
それに良いも悪いもありません。
感情表現の豊かな人は、喜怒哀楽がすべて出せています。出せない人は、喜



現在（present）は神様からの贈り物（present）　☆.。.：＊・°
このことに気づかせてくれた、みなさんに感謝☆.。.：＊・°
今この瞬間Ｈａｐｐｙ　☆.。.：＊・°
みなさんに幸せがたくさん届きますように☆.。.：＊・°

ひかる☆.。.：＊・°

素敵なプロジェクトに参加できて、
うれしいです。
ありがとうございます。

ブタのしっぽ

誰もが正しいと思うような道を
これまで無難に歩いてきた。
でも絶対に譲りたくないモノ
見つけたの。
この世にいる全ての人の目に
綺麗に映る必要はない。
だってこれは私の人生だもの。

―自分がどうしたいのか―
この意志を大切にしたい。

私は今の状態　後悔してない。
痛みがあって　幸せがあるの。
このやり場のない想いを
唯一一緒に抱えてくれてるあなたに

心からの『ありがとう』を贈ります。
きっと人生を振り返る歳になった時
人生を変えた素敵な瞬間だったと
今の私たちを愛おしく思うはず。
これからもよろしくね。

ＳＯの歴史 管理人　ゆゆ*°

怒哀楽がすべて出せません。
いつも言いたいことを言っていると、心が便秘になることはありません。溜め込まないで、こまめに出して、いつもスッキリしていましょうね♪
心身ともに健やかでいられるために。

**☆心の便秘にならないためのヒント。**
できるだけこまめに心のトイレに行こう。溜め込まないうちに。
お通じがあるといつもスッキリできます♪




『別れてくれてありがとう。』
心からそう言える日がくるなんて思ってもいなかった。
あなたと出会ってから今まで
たくさんの贈り物をもらってたんだ。
そしてそれと同じぐらい
あなたもたくさんの贈り物をもらっていたんだね。
あなたがこんなに大きくなっていることに気付いた。
あなたが出した答えは私を解放してくれたんだ。
『あなたを好きになってよかった。』

心からそう思えた瞬間に、
たくさんのありがとうと感謝の気持ちが
涙と一緒にとめどなく溢れてきた。
これからはお互い別々の道を歩むけど、
こうやって二人出会えた奇跡は
決して偶然なんかじゃない。
出会えたことに、感謝。そして愛し合えたことに、感謝。
またいつか巡り合うその時まで、
「ありがとう」で別れをしめくくろう。

まんぼ

相手は鏡、大好きな人も苦手な人もみんな、自分に必要な学び。

全てに感謝、何があっても大丈夫。

みんな素敵な命だから。


心、体、地球に優しい料理研究家　大橋いつ乃（ペコちゃん）

私を大きく成長させ、幸せへと導いてくれている全てに感謝してます。

私が今、こうしていられるのは回りのサポートがあってこそです
◎ありがとうございます☆

ばーばら



# 笑い飛ばそう

何かつらいことがあったり、いやなことがあったり、凹んだりしたら、笑い飛ばそう。


「飛ばせる」のは、「笑い」だけ。

「怒り飛ばす」とか、「悲しみ飛ばす」っていう言葉は聞いたことないでしょ？

笑いには、何でもフッ飛ばすほどのエネルギーがあります♪

**☆笑い飛ばすためのヒント**
思いっきり、飛ばそう。戻ってこれないくらいに（笑）。




幸せへの近道は、感謝の気持ちを忘れないことです。

今まで、ことあるごとに「私はこんなに人に尽くしてるのに、何で誰も私のことを大切にしてくれないんだ！！！」と、不満ばかりを口にして悲しい気持ちでいっぱいでした。

しかし、ある時…気づいたんです！「私が今、こうして生きていられるのは、今まで色んな人が支えてくれたからなんだ！これからは、私が誰かを支えたい」と思えることに。

そう思えた時、「私は一人じゃないし一人じゃなかった！」って安心できたし、心がとても満たされて嬉しくもなりました。

アナタは、いつも見返りばかりを求めていませんか？「私ばっかり…」なんて卑屈になっていませんか？

そんな時は、アナタの家族・友達・お世話になった人とのエピソードを思い出してみて下さい。

…………ほら、一人じゃないでしょ？

アナタと共に輝き隊　磯野ワカメ（ユジュカ）

悲しんだとき、励ましてくれる友人がいました
悩んだとき、アドバイスをくれる友人がいました
沈みそうになったとき、手を差し伸べてくれる友人がいました
普段連絡も取っていないのに、じっくり話を聞いてくれる友人がいました
人はひとりでは潰れてしまう
みんなで支え合ってるんだなって改めて思います
素敵な友人に巡り合えた“縁”に感謝！
そして、その素晴らしい友人たちに感謝！
みんなありがとう！！
櫻ばぁ



# 幸せ貯金をする

幸せになりたい人は、幸せになるために貯金をしてみませんか？
その貯金は、銀行にはしません。
人が幸せになるために、人に貯金をします。
そして、お金以外の気持ち、エネルギー、時間……いろんなもので貯金ができます。

幸せになりたければ、幸せなオーラをたくさん浴びることです。そのためには、幸せな人が集まる場所に行くことが一番です。

たとえば、お祝いのサプライズパーティ、結婚式、楽しい人たちが集まりそうなイベントやお店。こうした機会に、場所に、お金やエネルギー、時間などを使います。

すると、そこで浴びたオーラは自分に蓄積します。幸せ貯金として。



自分は何からできている？
ふと思うときがある。
家族といると
やさしい気持ちで心がおだやか。
ともだちといると
楽しくて希望に満ちる。
悲しいことがあったって
楽しい思い出の
アルバムを開けば
泣き出しそうだった顔だって
微笑みに変えてくれる。
そっと支えてくれるみんなに
会える。
笑顔の自分が好き。
笑顔のみんなが好き。
私を明るく幸せにさせてくれる
家族やともだちに
同じだけの愛を贈りたい。
今までの分は恩返ししたい。
そして
これからの分も
たくさんあげたい。
本当にありがとう。
心から伝えたい。
そうだ
私は
みんなからの愛でできている。
みんなも
みんなの愛から
できている。
生まれてくる。
そして
みんなひとつに繋がっている。
支えあって生きている。

earth

ありがとうについて思ったこと。
仕事がら一日にありがとうを何回言っているかわかりませんが、
お客さんから、ありがとうと言い返して貰えた時は、嬉しく思います。
ありがとうには、頑張ろうと思えたり、
人を元気づける力があると思います。
心に思っいるだけでなく、声に出して言ってみて下さい。
ありがとうを！

竹良



幸せになれない人は、人が幸せになることは、自分と関係ないと思っています。

だから足も運びません。


そこで、幸せオーラをどれだけ浴びれるか、自分のこととして喜べるか、ということが大切です。なぜなら、幸せは感染していくからです。

俺は、私はまだ感染してないよ、というあなたは、まだ幸せ貯金が満期になっていないだけです。満期になったとき、あなたもたくさんの幸せを味わえます。

幸せ代は、先払いです。あとで利子もたくさんついて返ってきますよ♪

**☆幸せ貯金を貯めるヒント**

人を喜ばすことを少しでもいいから、やり続けよう。




遠く離れてしまった今、もうあなたと会うことはきっとないだろうけど、あなたのことは忘れません。

あなたと過ごしたかけがえのない日々は今の私の心の糧になっています。

これからあなたも私もきっと人に傷つき人を傷つけながらそれぞれの道を歩むでしょう。

あれからいくつもの季節が過ぎていったけれど・・・

今心から言えるよ。

『ありがとう。 そして、さようなら。』

華心 -huaxin-

私は左鎖骨骨折して手術をしました。
不自由になった私の左手。
そんな時、私の右手が
優しく左手を支え
そっと左手をなで
強く左手を握って勇気付けてくれて
私の右手って優しいなって思いました。
体が普通に動く事、いや普通じゃないんですね。
あって当たり前の事じゃない。
自分の体、ココロ、周りの人達、モノ、
自然、すべてに感謝して過ごしたいですね♪
ありがとうございます♪

あっちゃん

# 「成功」と「成幸」のちがいは？

一般的には、「成功」という言葉を使います。

でも、隆太は、「成功」ではなく「成幸」という言葉を使っています。


二つの間には、大きなちがいがあります。

これは、単に隆太がそう考えているだけです。


「成功」は、人、お金、地位、名誉、ステータス、得た結果、業績、功績など、自分の「外側」からの評価。

「成幸」は、自分がしあわせだと感じているかどうか、自分の「内側」からの評価。

自分の状態であって、先に挙げた「成功」の基準とはまったく関係ありません。


なので、たとえばいくらお金があって、社会的に「成功」していても、「成幸」しているとは限らないのです。

みんな、成功者を目指しては、挫折していきます。






僕も数々の暗黒時代を経験しましたが、犯罪や自殺に向かうことなく２８年も生きてこれました。ありがとうございます。

本当に辛いときに、漫画やドラマのように、女性が優しく手を差し伸べてくれたことは残念ながら全くありませんでした。しかし、常に自分の存在をおもしろく思ってくれたり、認めてくれたりするヤツがいてくれたので、なんとかやってこれました。

これはとてもラッキーなことです。感謝感謝です。

ただ、僕が面倒役になっていた、仕事でうつ病になってしまった後輩に、なぜか彼女ができたときは「なんでやねん！」って思わずにはいられませんでした。彼は、満面の笑みで、前の日曜日のデートの詳細を僕に話してくれました。フクザツ……。

HOME

うつ病にありがトン
ぼくは5年半にわたってうつ病で苦しみました。
存在価値を感じられなくなり、死のうとしたことも何度もありました。
その影響かわかりませんが、難病になって大腸全摘出までしました。
けど、そんなうつ病のおかげで、人の痛みがわかるようになりました。
カウンセラーという天職に、出会うことができました。
周りの人の優しさが、心底わかるようになりました。
生きていることに感謝できるようになりました。
うつ病と、支えてくれた全ての人にありがトン
うつ専門カウンセラー　さわとん



隆太も、二〇代のころは成功者を目指して、がむしゃらにやっていました。もちろん、そういう時期もいまに活きているので、隆太にとっては、必要でしたが。

成功者は特別な人とされます。よく、トップ三パーセントの人しかなれないと言われます。目標設定をして、基準をすごく高くもち、彼ら（だいたい男性です）は、強い意志を持ち、たくさんのことを成し遂げていきます。

ただ、しあわせそうに見える人と、見えない人がいます。そのちがいは、「成幸」しているかどうか、です。成功は、遠いところにありますが、成幸は、いまここにあります。いますぐ、成幸者になれるんです。

成功は、トップ三パーセントというような、「特別な」人ができる。
成幸は、「普通の」残り九七%の人もできる。

たとえば、あるコーヒーチェーンの社長はビジネスの成功者ですが、同じように、毎日二十二時間労働を続けられる人はなかなかいませんよね（笑）。



辛いこと、悲しいことがあった時、
助けてくれる家族がいる
とてもありがたい事
心の奥底から感謝の気持ちがわきあがる
辛いこと　悲しいことがあった時、
話をきいてくれる優しい友達がいる
とてもありがたい事
心の奥底から感じる
本当は世の中には自分を幸せにしくれる事だけが
起こっているのかもしれない
笑顔でみんなと楽しく繋がっている
とてもありがたい事
私は、全てに感謝できる人でありたい
りかちゃん

五年前に離婚。一人娘と離れ離れになり、家を追い出され、二か月近くホームレスをして、何の為に生きて何の為に生まれたのか解らなくなってから、沢山の人のお陰と見えない世界の力で自分を知る事を教えてもらいました。

知れば知る程疑問が沸き、疑問を解くたび人って本真に摩訶不思議！ 凄い存在だと思うのです。 無知は罪って言うけれど知らないと本当に損をする。自分を知り自分を好きになるたび、生んでくれた両親に、命をつないでくれた御先祖様に、太古の命が切れる事無く今私の身体を通して繋がっていることに不思議を感じながら！ 生まれた事に感謝…。出会った人や出来事にありがとう！ 良いも悪いも本当にありがとう〜

今、仕事が無くて、住む所が無くて、もし、途方にくれる人がいたら、新しい世界の入口にいる事と考えて欲しいナァ〜。人は どうやったって生きられる！から…（笑）

加藤みゆき



だから、すごい人のやり方は、すごい人にしかできないんです。

隆太は、周りを成幸している人だらけにしたいです。

笑顔で、しあわせそうで、あったかくて、感謝していて、自分らしくしている人は、成幸者です。顔や態度で、わかります。

隆太の周りは、成幸者（と変な人）が山ほどいますので、機会があればどんどんつながってくださいね。

**☆成幸するためのヒント**
いま、幸せだと気づこう。

幸せだなって言っていると、幸せに気づきやすくなりますよ。



和菓子屋に
今話題の生きゃらめるを発見！
おばちゃんの手作りだ
5粒300円少し高い
会社に持って帰って
年下の上司にそれを配った
えー！＾＾と驚きと共に
嬉しそうに、喜んで食べてくれた
好評だった。（そんなにおいしいのか？！）
楽しみにして、後で自分で食べた
普通のきゃらめる
いや、少しやわらかい普通のきゃらめるに
ガッカリした
と、同時に彼の優しさが
胸に染みた
（気を使ってくれたのか）
そんな優しさに感謝！

アルバイター

私が、感謝しているのは、
引きこもりになって、7年になる主人です。私の収入だけで、暮らすのは、経済的にも、精神的にも苦しくて、この先、どうなってしまうだろうと言う不安で、私は 鬱になりました。主人に対しても、働いて欲しいと、いつも不満ばかりをぶつける毎日でした。 よく考えれば、主人は、掃除、洗濯、料理をしてくれて、私が仕事しやすいようにしてくれています。離婚も考えた日もありましたが、主人が生きていることに、感謝です。ありがとう。

さくさく



# 世界は幸せのかたまり

いま、生きていることが幸せ。
光も闇も、幸せ。
楽しさもつらさも、幸せ。
ご機嫌なときもイライラなときも、幸せ。
好きも嫌いも、幸せ。
同じところもちがうところも、幸せ。
勝ちも負けも、幸せ。
うまくいくことも、うまくいかないことも、幸せ。
合理も矛盾も、幸せ。
過去もいまも未来も、幸せ。
自分も人も、幸せ。
不幸せも幸せも、幸せ。
いま起きていることが、幸せ。



きっと一人だったら途中で挫折していたと思います。
ホントにたくさんの方達にお世話になり助けてもらって今に至っていると思います。
なんで自分だけ…なんて悲観的になったり自暴自棄になったりしたこともあったし
人生なんてなんてつまらないもんなんだって悩み苦しんだりも…
だけどたくさんの人達の助けと出会いで
今は人生まだまだすてたもんじゃないって思えるようになりました。
ホントに全ての様々なことに感謝感謝です。ありがとう。

けいけい

『ありがとうの魔法』
私が大切にしてる魔法の言葉
人や物や動物や地球の全てに『ありがとう』を伝えたい
生きてれば楽しい事もあれば、嫌な気持ちになること
だってあるけど、出来る限り忘れたくない言葉
『ありがとう』『大好き』『感謝します』『幸せ』
悲しいとき、怒りたいとき、この魔法の言葉達を
口ずさめばHAPPYを運んでくれるよ♪
『ありがとう』

風薙

たくさん笑って、泣いて、ちょっぴり怒っても
しまったけど、この1年間、毎日が充実してたのは、
もも4くみみんなのおかげ。
半人前の私を「せんせーだいすき」って言ってくれて、
ありがとう。

まこ☆かおり



世界のすべては、幸せでできている。

この本についているさとちきのCDの歌詞にあるように、何が幸せで、何が不幸かはわかりません。

でもすべては必要だから、一見不幸に見えるものも幸せの数だけ同じように存在します。

すべてのことに「ありがとう」と思えるとき、不幸に見えたものが幸せの一部だったということに気づけます。幸せがかくれんぼしていただけだって。

世界のすべては、幸せでできているんです♪

**☆幸せを感じるヒント**

これは不幸だと色づけするのをやめてみよう。
不幸だったかどうかは、あとでわかるから。



2005年、胃ガンで余命半年の宣告を受けました。
体調リズムの生活と食事の見直しなどしました。一番のプラスの影響は、心の変化が起きたこと。全ての生命は、繋がっているんだ～と気付きました。当たり前のことが、ありがたいことだったんだって気付き。
見える、話せる、聞こえ、食べられる、歩ける、愛する仲間がいるなどは、奇跡なんです。ガンは、奇跡的に進行せずに、手術など西洋医学的なことは何もせずに経過しています。神様に守らて、生かされていることを感謝してます。自然治療を～目指して、感謝と愛いっぱいで光輝き生きていきます。ありがとうございます。

Loveあいり姫

かんしゃ・・・
いろいろあるね。
であいに、
わかれに、
とつぜん、
たまたま、
いろいろあるね。

そのなかでも・・・
きみがうまれてきてくれて、
ほんとに、かんしゃだよ。
カルソニック

いつも一緒にいてくれてありがとう。
共に悩んでくれてありがとう。
共に笑ってくれてありがとう。
おばあちゃんになってもずっと
変わらない２人でいようね。
わたしのだいすきな心友へ。
ゆり★

# ハッピージグソーパズルのつくりかた

人には、いくら能力、技術、経験があっても、できないことがあります。

たとえば、福祉の現場では、こんな光景がよく見られます。入浴が苦手な利用者の武田さん（仮名）に入浴を促すとします。その時には、本人の気分よりも、ご家族の希望と、衛生的な面や、本人も自覚していない体調面なども含めて、ご本人にお話をします。そして納得の上でお風呂に入っていただくことになります。

福祉の教科書には、まずは受容しなさい。傾聴しなさい。目線も合わせなさい。そうすれば、心を開いてくれるとあります。

でも、どんなにそのプロの技術があっても、ダメなものはダメなんです。「イヤだ。何で入らなきゃいけないの」っていう具合に。

でもこの武田さんが、ものの一瞬で入浴をすることになります。



今にありがとう。
水道さんありがとう。
トマトさんありがとう。
電車さんありがとう。
携帯さんありがとう。
本さんありがとう。
チョコレートさんありがとう。
おひさまさんありがとう。
あのときの喧嘩にありがとう。
あのときの病気にありがとう。
あのときの怪我にありがとう。
あのときの問題にありがとう。
あのときの上司にありがとう。
あのときの親にありがとう。
あのときの先生にありがとう。
あのときのともだちにありがとう。
あのときの自分にありがとう。
あのときがあるから今がある。
あの経験があるから今がある。
きっと今の経験も
「ありがとう」と言える日がくるね。
あのときできたから
今度もきっとできるかな。
今にありがとう。
過去にありがとう。
未来にありがとう。
嶋田功伯留都

この世に生まれ出た事。
今まで生かされている事。
宝物が誕生した事。
成長させられた事。
嫌な事がどんどん減ってきた事。
許せる事。
愛せる事。
愛される事。
必要とされる事。
学べる事。
美味しいご飯を食べれる事。
思いを伝えられる事。
それを受け止めてくれる事。。。
全てに感謝

えみりん☆

いったいどんな「魔法」を使ったんでしょう？

それはただ、人を「バトンタッチ」しただけです。

二十歳の対人援助をしたこともない女の子が、

「おフロ、入りましょう～♪」

って言ったら、武田さんは、

「〇〇ちゃんが言うなら、入るかな」

って、一瞬で入りました。こんなもんです（笑）。

その子がいないときに私は、一時間以上、武田さんの話を聴いては、なんとか説得を試みたんですが……。その努力、戦いは何だったのかって感じですよね（笑）。

これが、「相性」の力です。

相性が合っていないと、うまくいくはずのものも、うまくいきません。

この例のように、まったく合っていないものをなんとか合わせようとすると、





長野で隆太さんのセミナーとソースのワークショップショップ受けたのが転機となり、今があります。
隆太さんありがとう（^O^）そして隆太さんを長野に呼んでくれた久保さんありがとう（^O^）
自分と向き合い、自分を知り、自分を好きになる。楽しい人生になってきています。
出逢えて、本当に感謝、しあわせです（^o^）／

鈴木貞美

感謝を送りましょう。
感謝の波動は幸せを呼びます。

呼ばれた幸せは広がります。
広がった幸せは、笑顔を呼びます。

笑顔は笑顔を呼びます。
あなたの感謝の波動でみんなが幸せになります。

感謝の波動は、広がるのです。
あなたの感謝が人を幸せに出来ます (*^o^*)
あなたも幸せになります。

わたしは出愛に感謝しています。
みんなが大好きです・・感謝しています。
あなたに感謝しています (*^^*)

癒しの愛天使　凜華



私も武田さんもお互いにすごく疲れる思いをすることになります。

相性が合えば、うまくいくんです。人も、仕事も、本も、音楽も、セミナーも。逆に合わないものを、いくらがんばってもムダです。

これは、単なる役割分担や好みの問題です。カウンセリングも、受容するしないのやり方以前に、受ける方が、自分と相性のいいカウンセラーを選ぶはずです。

相性は、ジグソーパズルのピースと同じで、合うピース、合わないピースを「区別する」ことが一番大事です。能力、技術、経験など、いっさいのものを超越してしまう威力があります。

相性の判断方法は、自分の「感情」をガイド役にしてください。

うれしい、楽しい、ワクワクする、幸せ、好きという「プラス」と呼ばれる感情に沿うと、「カンタン、ラク、スムーズ」にいきます。だから、うまく行く人は、トントン拍子にうまくいくんです。うまくいくから、もっと楽しくなるし、好きになります。上達もします。

「ハッピースパイラル」に乗れます♪



18年間、一緒にいてくれてありがとう。二人に会えたことで色んなことを学んだよ。
ときにはイタズラして腹を立てることもあったけど、いつも優しい気持ちにしてくれたのは二人がいてくれたおかげだね。
僕が一人暮らしを始めてからは会うことも少なくなったけど、たまに顔を見せれば変わらない笑顔を見せてくれた。
そんな最幸な二人にいつもいつも感謝してます。ほんとうにありがとう…。

どん

【Thanks a million!!!】
ひょうへ。
出会えてよかった。
あなたの存在が力になる。
いつも真っ直ぐに強く生きようとするその姿、
真に尊敬しています。
私は、ひょうと一緒に居ると何でも頑張ろうと思える。
苦しいことも力を合わせれば乗り越えられる。
嬉しい事は一緒に笑える。
一緒に未来へ歩もうね。
頑張っていこう！
ありがとう。
愛してる。

ひょうのお隣♡

逆に、つらい、苦しい、イヤだ、つまらないという「マイナス」と呼ばれる感情に沿うと、「難しい、大変、不自然、苦労する」ことになるんです。やっても結果は出ないし、つらい努力をするだけになります。結果が出ないから、もっとつらく、イヤになります。悪循環になるんです。

なかには、ピースが合わないのに、ムリに押し込む人がいます。

この人は、

一、人、外面に合わせている。

人の評価、地位、名誉、ステータス、お金などを見ている。

二、「損得勘定」で見ている。

この人とつきあうと、「メリット」あるのか？

この仕事をやると、「儲かる」のか？

という状態になっています。すると、自分のピースが見えなくなります。

自分の素直な、本当の「感情」が見えなくなります。





毎日ワクワクハッピーで、
皆と一緒に幸せを実感しています。
そう感じられる事に感謝です☆
ありがとうございます！

アンナ

今思うこと、それは、やり続けてよかったということ。
いばらのような道でも、自分の感じたことから
目を背けずに、進み続ける選択をして本当によかった
ということ。振り返ってみたら、たくさんの人の笑顔に
出会えた。ありがとう。

ゆら

四歳の君とは、随分病院通いをしました。
発達障害…最初はどうして私の子が？と密かに嘆いていました。
でも、君のその笑顔にどれだけ慰められ、どれだけ励まされたことでしょう。
きっと君は、人に優しさを再認識させる為、勇気を与える為に生まれてきたんだね。
君とはまだ会話が出来ないけれど、君の思いは伝わってるよ！
私のもとに生まれてきてくれて、ありがとう♪

竹中柳子



ハッピーを、引き寄せるには、
「勘定」より、「感情」を大事にしましょう。
すると、ハッピージグソーパズルは、どんどんできあがりますよ♪

**☆ハッピージグソーパズルをつくるためのヒント**

自分の中でどう感じているのか？　気持ちのよいものなのか？
それを物事の判断基準のものさしにしよう。



斉藤 一人さんの「今日はいい日だ」
という言葉が大好き。

明石家さんまさんの「生きてるだけで丸儲け」
という言葉が大好き。

私は「生きているだけで幸せ」

今日目が覚めたことに感謝します。
今日子供の顔を見られることに感謝します。
今日働けることに感謝します。
今日遊べることに感謝します。

人生って最高！

金子　稔

～ありがとう～
ありきたりかも知れませんが
生まれて来れた事に
ありがとう＊
私を生んでくれた両親に
ありがとう＊
私を親に選んでくれた娘に
ありがとう＊
たくさんのありがとうの積み重ね♪
いくら言ってもたりないなぁ☆
私…
今とても幸せです♪
出愛って下さった全ての人に
ありがとう＊
～愛を込めて～

☆ HAPPY ANGEL ☆

# ハッピーは、いつもキス待ちをしてる

ハッピーになりたい!!って思っているのに、なれない人がたくさんいます。
その人は、ハッピーとキスするのが、怖いんです。

昔、好きな人とつきあう前、キスをするのが怖かったことありませんか？
隆太はありました。
自分が好きなその人に、
嫌われるんじゃないか……
まだ時期じゃないんじゃないか……
そんな大それたこと、してもいいのか……
離れていったら、どうしよう……
キスできる人は、そこで、自分と相手を信じられる人です。

ハッピーは、いつも「キス待ち」をしています（笑）。
でも、勇気がなくて、キスができないだけなんです。





女優になれて、自分も多くの人も幸せに出来てありがとう。
愛する人に、愛されてありがとう。
今まで出会った人全てにありがとう。これから出会う人全てにありがとう。
私に命のバトンを渡してくれた、これまでの過去を生きた人達にありがとう。
この世の中で、ありがとうって言えない事は何もない。
嬉しい事、怒った事、悲しい事、楽しい事、全部、全部にありがとう。
この世界で、こうして生きている事って、何て素晴らしいのかしら。
本当に、ありがとうございます。

まりえ

ありがとう。
いつも、すべてに、感謝していたい。
ありがとう。
素直にそう感じられる人でありたい。
ありがとう。
すべての人に、
笑顔でそういってあげたい。
本当に、感謝しているよ。
今まで出会った人すべてに感謝したい。
私は、
自分は、変われるはずがないと思ってた。
そう、諦めていた。
だけど、変われることを知った。
ある人たちとの出会いから。
ある人は、
すっごくがんばりやさんで、一生懸命で、
すごく私のことを気にかけてくれた。
すっごくうれしかった。
その子が、自分自身で証明していたから、
人は変われるということを。
だから、私は、希望が持てたんだよ。
だから、私は、
人は変われるんだっていうことを、
信じれたんだよ。
私は、まだまだ素直じゃないけど、
だけど、本当に感謝しているんだよ。
私に声をかけてくれてありがとうね。
私を見つけてくれて、ありがとう。
本当に、ありがとう。

aya



「早く、キスしてくれないかな……」

そうやって、ハッピーさんは、待っています。いっぱい、ＯＫサインも出しています。でも、もうすべて準備ＯＫなのに、照れてしまって、ごまかしてしまう人がいます。

「いや、もう遅いし、帰ろう」

って。これも隆太のことです（泣）。

そうすると、ハッピーさんは、

「私のこと、好きじゃないのかな……。もう近づくのはやめよう」

と思って、次の日、

「ごめんなさい。あなたには、もっとお似合いの人がいます」

と別れの手紙を出します。そして、遠ざかっていきます……

あなたは、

「ああ、やっぱり、ハッピーになるのは、できなかったんだ……そんな資格はなかったんだ。もう恋なんてしない。ハッピーなんていなかったんだ」

って思います。

ムリをしなくていいですが、すべてのものと、キスしましょう。



届け！「ありがとう」
わたしが持っていないものをくれた
あなたへ・・・
届いた！「ありがとう」
あなたが持っていないものをあげることができた　わたしまで・・・
こんなカタチでやってきた！
時には　笑顔で！
時には　軽やかな声で！
時には　沈黙の、深い眼差しで・・・
時には　出会いを連れて！
時には　つながれた手の中に・・・
時には　静かなる熱い涙と共に・・
時には　お金となって・・・
届いた「ありがとう」に
「ありがとう」！
世の中、「ありがとう」で溢れている！
いつの間にか忘れていたりする・・・
世の中、「ありがとう」で溢れている！
伝える相手が広がると見えにくくなる。
あなたへ！　あなたたちへ～　どこのどなたへ？って・・・
世の中、「ありがとう」でできている！
眠る前に３回だけつぶやいてみよう！
「ありがとう」
「ありがとう」
「ありがとう」
素直に言えた自分よ　ナイスだぜ！
「ありがとう」の洗濯！ばっちり完了！
朝起きたら
真っさら新鮮な「ありがとう」よ
届け！　あなたへ

くろちゃん

笑顔は感謝の印であり
笑顔には開運の力がある
褒められても笑顔で感謝
叱られても笑顔で感謝
晴れの日にも笑顔で感謝
雨の日にも笑顔で感謝
今日も笑顔
いつも笑顔
とびっきりの笑顔
今日も感謝
いつも感謝
とびっきりの感謝

YSK の おざわ

今までに出会った全ての人たちに感謝！

みんなと出会えたから、今の僕がいます。

みんなと出会えたから、僕は成長できました。

みんなと出会えたから、今も頑張れます。

みんなと出会えたから、今幸せです。

これからもよろしくお願いします！

Ｊｕｎ@はやももパパ

そのために、自分自身をハグして、キスしましょう。世界にたった一人の、最愛の自分自身を。

それができたら、出逢うすべての人に、キスをしましょう。（本当にするのは選んでね）

つらいことがあっても、抱きしめましょう。キスしましょう。

ステキなことがあったら、抱きしめましょう。キスしましょう。

ハッピーなことがあったら、抱きしめましょう。キスしましょう。

**☆ハッピーとキスをするためのヒント**
ハッピーになるのは、自分しだい。

ハッピーになってもいいんだっていう許可を自分に出そう。




手塩にかけて育てた愛しい子ども達
今、巣立ちの時を迎え、喜びの中に寂しさの混じる母がいます。
これからは、少し離れて、心をかけて見ています。
母はいつまでも、あなた達の応援団長です。
沢山の喜びをありがとう。
私達の元に生まれてきてくれてありがとう。
この子達を授けてくださった神様ありがとうございます。

「着付けサロン紅翠」主宰　母

あなたの笑顔に心の底から喜びがこみあげます、ありがとう。

佐藤則子

「足りないものではなく、あるものに気付き、感謝の気持ちを持つ。」

言葉だけじゃなく心からそう思えた時、この上なく幸せな気持ちになれます。

自分は人生最大のピンチから感謝に気付けました。

だから、ピンチも幸せへの大事なプロセスです！


あなたの価値を伝え夢を叶えるプロフィールコンサルタント　平岡徹朗



# 味わう

味わっているかどうか。

これが、いま、自分の人生を生きているかのバロメーターです。

食事を、ゆっくり、味わっていますか？

ゆったりとした時間の流れを、味わっていますか？

周りの景色を、味わっていますか？

ステキな日本に住んでいること、味わっていますか？

本や、映画、音楽を、味わっていますか？

人との出逢い、会話を、味わっていますか？

子どもや、ペットとのふれあいを、味わっていますか？

おいしい空気を、味わっていますか？

いま、ここにいること、味わっていますか？

仕事、趣味、遊び、味わっていますか？

生きている幸せ、味わっていますか？



私を身ごもった時、母は２２歳でした。
相手は妻子ある人
どんなに望んでも結ばれないと悟った母は
私と一緒に死のうと思ったそうです。
でも、死なずに私を産んでくれた。
そして、育ててくれた。
そんな母に感謝の気持ちを込めて
３８年目の私の誕生日に母に花束を贈りました。
産んでくれてありがとう。
あなたのおかげで、今、私はここにいる。
そう、ひとこと添えて…。

みおりん

「大丈夫！」

あなたの一言で私は先に進む勇気が出ました。

「何があっても、俺だけはお前の味方だぞ！」

この言葉に私はすべての不安が無くなりました。

世界中でいちばん信頼を寄せる彼からの言霊。
誰も信じられなかった私が
誰も頼ることのできなかった私が
愛することと愛されることの意味を知りました。

彼との出逢いに感謝。

彼と出逢わせてくださった神様に感謝です。

ありがとう。

そしていつまでもずっと愛してるよ

ちびのミイ

もし、味わえていないなら、いまを忘れてしまっています。

人生の「味の不感症」になっています。

大事なのは、「いま、ここ、自分」です。これが欠けていると、味わえません。

もし欠けているのならば、立ち止まる必要があります。


急ぎすぎているのかもしれません。

悩みごとがあるかもしれません。

その悩みは、どうしようもないことかもしれません。だとしたら、ほっといて、自然に任せましょう。

いま、ここ、自分を味わって、生きましょう。

そして、その味わいに、感謝しましょう。

味わいの深さに気づきますから……

**☆人生を味わうためのヒント**
五感を研ぎ澄まそう。

五感で味わえるように、ときどき立ち止まろう。





感謝の積み重ねで親等身近な人に感謝の言葉を言う事が出来るようになるとセミナーで聞いた。

それから、「ありがとう」と職場やプライベートでよく使うようにした。

そしたら人間関係がよくなった。感謝の力を実感した。

親にも少し「ありがとう」と言えるようになった。

感謝してます o(^-^)o

消防士 ファイアー

あなた達と出会っていなかったら、今現在の『私』はここにはいない…。

あなた達との出会いにより、『私』自身が変わってきている事に驚きを感じています。

未体験なこと、未知の体験なこと等…。

自分がここまで成長してきているのは、ホントにあなた達との出会いがあったからこそ。

本当に心からの感謝です。これからもよろしくね。

池田 真由美



# 人の顔色を見ないで、自分の顔色を見る

人の顔色を見てしまう人がいます。隆太も、そういうところがあります。

でも、人の顔色を見てばかりだと、自分のやりたいことができなくなります。

人の顔色を見る、伺うことよりはるかに大事なことがあります。


それは、「自分の顔色」を見ることです。


人の顔色を見ている人は、人の顔色のことはよーく見ていますが、自分の顔色は、そのときどうでしょうか？

人は満足そうな顔をしても、自分の顔は満足そうではないかもしれません。

人はうれしそうな顔をしても、自分の顔はうれしそうではないかもしれません。

人は幸せそうでも、自分は幸せそうではないかもしれません。

人の顔色は良かったとしても、自分の顔色は良くないかもしれません。

自分がやりたいことをやっているときの顔色はいいはずです。




明日、東京へ引っ越します。

自分の使命を見つけに、いってきます。

導かれるように、いってきます。
・・・絶対見つけてくるから。
その前に、言わせてください「ありがとう」を。

今まで脛をかじらせてくれて、ありがとう。

絶対におっきくなって帰ってくるから。

「成長したなぁ」って言ってもらえるようになるから、ね。

ありがとう。　ありがとう。


空気にありがとう。水にありがとう。土にありがとう。

神様にありがとう。ご先祖様にありがとう。

今まで出会った人たちに・・・・・！！

あなた方からそそいでもらった愛。

それへの感謝を忘れずに。

いつまでもココロの中に持っていられますように！！

そして優しく、強くいられますように。

本当にありがとう。　ありがとう。

ゆかこ

赤ちゃんを堕ろした
１人でも産みたかったのに誰一人として賛成してくれず、責められるだけだった。

彼氏からも無理だと１ヶ月言われ続け精神的に限界がきてしまい、最後は周りの言いなりになってしまった。

手術は全てが恐怖で、涙が止まらず赤ちゃんへの謝罪しかなかった…

１人では何もできない無力さ、女という立場の弱さを実感した。でも１つの命の重さを学んだ。

赤ちゃんの成長を見れてかわいいと思える女の喜びも知った。

こんな私のもとに２ヶ月間もいてくれて…ありがとう

shichan

何かムリをしていたり、やりたくないこと、嫌いなことをしていると、顔色は悪くなります。みんなで楽しく、キャーキャーかけっこをしている子供の中には、土気色した、顔色が悪い子供はいませんよね。

顔というのは、特に精神の状態が一番ダイレクトに出るところです。女性なら覚えがあるかと思います。血色が良くないとか、吹き出物などもそうですが、顔は自分の精神状態、健康状態のバロメーターになるところなんです。ほっておくと、心身ともに病気になることもあります。


自分らしく自分の人生を生きるのが、特効薬になります♪

顔色がイキイキしてきます。それは自分にしかできません。

人より先に、自分の顔色を見てあげてください♪

自分のことに真っ先に気づき、良くできるのは、自分自身ですから。

**☆自分の顔色を見るためのヒント**
人の顔はたまににして、その分、自分の顔を見てみよう。

イキイキしているか、鏡でチェックしてみよう。





私に、関わってくれている全ての人、物、空気に感謝します。

真っ暗な世界じゃ何も見えない、触れない、生きれない。
今の自分で居れる事が、当たり前じゃない・・・・
ありがとうを、常に感じながら生きてゆけたら素敵ね。
照れくさいから、言葉に出せない時もあるけど・・・・・・・
これからは、伝えよう！！
みんな「ありがとう、大好きだよ！！」

河合　智広

あなたに出会えたおかげで今の私があると思う。苦しい時は私が眠るまで毎日手を握ってそばにいてくれた。

今度は私があなたを支えてあげられるといいな。。

いつもそばにいてくれてありがとう。

まいこ

【感謝のポイント】
感謝には、それぞれポイントがあります。
誰もが 喜べる嬉しい事に 感謝するのは 簡単なので、
わかりやすく言うと‘感謝点’は０点です。
逆に誰もが辛くて喜べないような事に
感謝できるようになると、
その‘心の成長分 点数が加算’されます。

◎宇宙の構造は、加算点数分、
必ず素敵な現象が起きるようになっています。
だから みな平等だし、不幸な現象に 沢山囲まれている人は
宝の山にの中にいるという事。
実は‘ポイントゲッター’神様からとても恵まれています。
～大好きな 小林正観さんの話の中で 一番衝撃を受け、
この話と出会ってから私の人生が好転していった真実です。～
舘 純子（mixi 喜びと感謝の純ちゃん）



# 幸せの水戸黄門になる

♪チャッチャララッ（前奏以下略）
じ～んせい楽ありゃ 苦～もあ～る～さ～
の水戸黄門です。

幸せの水戸黄門とは、どういう意味か？

水戸黄門は、言わずと知れた、長寿番組です。誰でも一度は見たことがあるかと思います。

あれって、ストーリーの展開がお決まりです。いろいろあっても、最後は「幸せになってよかったね」「一見落着だね」ってなります。毎回、「ワンパターン」です（笑）。でも、ファンの方も多いからこそ、長寿番組なんですね。

あれは、いい「マンネリ」なんです。

悪いマンネリは、「退屈」します。

いいマンネリは、「安心」します。

人に、



当時24歳だった自分が、
「もし今自分がこの世を去るとしたら、
一番後悔するものは何？」
そう問いかけた時迷いなく浮かんできたのは、
『男手一つで育ててくれた父への感謝を
まだ言葉にして伝えていない』でした。

ある日思い立ち、ありったけの『ゴメンね』と
『ありがとう』を手紙にして
誕生日プレゼントと一緒にして送りました。
翌朝照れ臭そうに「ありがとう」と
電話をかけてきてくれたあの日のことを
一生忘れない。
今では本当に何でも話せる仲になってます。
伝えそびれている大事な言葉、ありませんか？
恋愛コーチ　花倉　吏

明日はあなたの卒園式
おめでとう
あんなに小さかったあなた達が
こんなに元気で笑っていてくれる
母さんはあなた達がいてくれることが
本当に幸せで感謝しています
今 ガン細胞がみつかっていつまで
生きていれるかわからないけど
でも 母さんはいつまでも
あなた達の母さんで
いつまでもあなた達のそばにいて
嬉しいこと楽しいこと悲しいこと
悔しいこと
なんでもきいてあげるよ
いつでも抱きしめて
いいこいいこ…
大丈夫… 大丈夫…
母さんはいつも味方だから
母さんの子どもに
うまれてくれてありがとう
あなた達の生きてくれる全てが
母さんの宝物
母さんの子どもに
産まれてくれてありがとう
いつもいつまでも
あなた達は母さんの大切な子どもで
いつもいつまでも
どんな時でも
母さんはいつでも味方だよ
私の大切な人達に
感謝のきもちをこめて…
笑顔をくれてありがとう

ゆりか



「ありがとう」とか、

「楽しいね」とか、

「大好きだよ」とか、

「しあわせだね」とか、

「愛してる」とか、
って言うのは、ワンパターンですが、何回言っても飽きませんし、言われれば毎回うれしいです。安心感がプレゼントされて、幸せになります。


水戸黄門は、幸せに気づけることが、幸せなんですね。

何か困ったら、幸せの「印籠」を出しましょう。

「この幸せが、目に入らぬか～！」

「ははぁ～！　幸せです♪」って（笑）。

**☆幸せの水戸黄門になるためのヒント**
いつでも、「幸せだね」「愛してる」「ありがとう」っていうお決まりの印籠を出し続けよう。




幸せをありがとう。

まさか、こんなことを書ける日が来るなんて思ってもいませんでした。

四年前、右手に病気を発症しました。確実に良くなる治療法はありません。

一年半前、この現実を突きつけられた時、絶望と、恐怖と、憎しみしか感じませんでした。

でも、今は違います。病気のおかげでたくさんの幸せを感じられるようになりました。

この病気のおかげで、たくさんの素敵な人に出会い、支えられ、今ここに感謝のメッセージを書かせて頂いています。

最近、人は一人一人幸せになるために生まれてきたと感じています。

次は、私が誰かの役に立てたら幸せです。私を支えてくれる全ての人に、ありがとう。

aya

「感謝のキラキラ」
わたしの心のコップに
“ありがとう”の想いがいっぱいいっぱいたまってきて
小さなわたしのコップにはおさまりきれない
コップからあふれでた“ありがとう”の想いは
キラキラと銀色に輝くよ
小さなクラッカーに詰め込んで
少し離れたあなたのもとに届けたい
パーンとならせば
ポーンときらめく
ふわふわっと舞い落ちて
キラキラッと降りかかり
あなたの心があったかくなるといいな

smileflower



# 冒険料を払おう

新しいこと、何かをするとき、大概はお金がかかります。

お金を節約することも必要ですが、使うときに使わないと、そのお金は活きてきません。

何か新しいことにチャレンジをするときにかかるお金は、私たちの「冒険料」です。

手持ちのお金が減ると、

「使わないでとっておいた方がよかった……」

って後悔する人もいるかもしれません。

でも、そのお金は消えたわけではなく、あなたの「人生の冒険」に、姿を変えただけにすぎません。

そして、その経験、そこでの出逢い、そこからの気づき、学び。

それらは一生残り、しかもいつでも活用できる財産です。形になって見えないと不安になりますが、ちゃんと見えなくても残っています。それどころか、まっ



今までに出会った全ての人たちに感謝！

みんなと出会えたから、今の僕がいます。

みんなと出会えたから、僕は成長できました。

みんなと出会えたから、今も頑張れます。

みんなと出会えたから、今幸せです。

これからもよろしくお願いします！

Ｊｕｎ＠はやももパパ

あなたに逢えて、ありがとう。

無理してた自分が、少し楽になった気がした。

自分は自分のままで良いんだって。

自分には自分の良さがあるから。

もう無理しないで、進んでみよう。

またあなたに出遭えるはず。

今は気持ちだけ”ありがとう”を送ります。

いつか、届いたらいいな。

chip

電子の海で出会うのは
遠くに生きる人々か　それともお隣さんか
真の姿か　虚像であるか　姿形 顔も見えない誰かさん
画面の先にあるものはなんでしょうか？
時代が変えた新たな出会いに感謝
なにより 僕を見つけてくれた君に多謝

リアルですれ違っていく僕等
すれ違うことすらなかったかもしれない僕等
こうして出会うことで一歩 踏み出せただろうか？

ありがとう、有り難う、アリガトウ
君に出会えたこの奇跡を僕は唄おう

Tomcat

たく減りません。

ユダヤ人は、財産を物ではなく、智恵、人脈など頭の中や見えないつながりで子孫に残すと言います。見えなかった財産は、いつの日にか見えるようになります。

もし、今日、隆太が冒険料をケチってしまい死んでしまったとしたら、冒険しなかったことを大後悔するでしょう。

人生を大航海しとけばよかったって……(笑)。

どんどん、冒険料を払って楽しみましょう。

**☆冒険に出るためのヒント**

お金というエネルギーは減らないものだと知ろう。
そして冒険という形に変えてみよう。





一人の人間がこの世に生まれた奇跡。
その時どれだけの人達に幸せを与えたのだろう。
子供がオギャーと生まれて１年の間にどれだけの感動を
まわりの人達に与えてきたのだろう。
人間は生まれて大人になるまで、絶対に一人では生きられない。
その長い長い日々の間にどれだけの思いをこめられて生きてきたのだろう。
今この世に生かされている事に多大な感謝をせずにはいられない。

岩本恵美（いわもとえみ）えみりん☆

私を生んでくれて育ててくれた母に、今まで出会った人たちに感謝してもしきれないくらい感謝しています。
今まで生きてきた中で、死んでしまいたくなるくらい辛いことや悲しい出来事も、たくさんあった。
でも、生きていて良かったって、今は思う。
ひとつひとつの出会いや出来事には、すべて意味があって、つながっていたんだなぁって今は思えるし、
出会った人や起こったすべての出来事に感謝しています。
私を生んでくれた母、一緒にいてくれる旦那の雄治、旦那の両親、マロン、クマ、でこ、
もう亡くなってしまったけど天国で見守ってくれている、おばぁちゃんとお姉ちゃん、
今まで出会った人たち、しして今も一緒にいてくれる人たちすべてに、感謝します！　ありがとうございます！！

まろくま



# 出会いの最高のほめ言葉とは？

たとえば人と出会って、一緒に時間を過ごします。

そうして別れるときに、隆太が言われて一番うれしい言葉があります。


それは、「また」逢いたい。という言葉です

また顔を見たい。

また声を聞きたい。

また話したい。

また遊びたい。

またどこかに行きたい。


お店でも、同じです。

また食べたい。

また買いたい。




驚き、うれしくって・・隣に立っていた、おじいさんに、経緯を話しました。

その方は、「書源」と書かれた機関誌を見て、自分はその会の指導者なんだと言われたのです。

私の習っています師匠の、まだ上の師匠のＥ氏は、彼のお弟子さんだとのことです。

家が近所なら、また習いに来てくださいと・・このシンクロにも、ビックリしました。

全てが、繋がっていることを知り、有難い思いがこみ上げてきました。

このところ、第３の目が開いて、右脳の回路が開いたのですが、
まさかこのような、事件に祈りの念力が、役立つとは思っても見ませんでした。

泥棒さんのおかげでしょう。本当に、有難いことです。

愛と調和の世界へ　☆るなＳＵＮ☆

父と母が離婚して、母親に引き取られてよかった。

学生時代に、いじめられてよかった。

死んでもおかしくないような交通事故に２回もあって、よかった。

大失恋して、よかった。だって、すべてが今につながっているから。

母と父が離婚しなければ、おじぃちゃん、おばあちゃんと暮らすことはなかったから。

いじめられた経験があるから、人の痛みの分かる人間になれた。

孤独の怖さをしれたし、自分は人をいじめたりはしたくないと思えた。

交通事故にあったから、また学校にも行けたし、今の素敵な仕事を知ることができた。

大失恋をしたから、今の出会いがあって今の幸せがある。


また行きたい。

また感動したい。

また楽しみたい。

またワクワクしたい。

またここの店員さんの笑顔が見たい。


いろいろありますね。

「また」という言葉は、「もっとあなたのことを知りたい。共有したい」というサインです。うれしいですね♪


「え〜、また来たよ、あの人」

って言われたらちょっとちがいますので喜ばないでください（笑）。


人があなたに「また会いたい！」って言うとき、あなたは人に「愛」を「出」している、「出愛」をしているんです。

出会いが出愛になると「また」会いたくなります。





先日、事務所荒しにあいました。私がアトリエに使っていて、金目の物は何も無かったのです。

取られたものは・・たったひとつ、籠だけでした。お財布でも入っていると思ったのかしら・・

私にとっては、宝物の書道の手作りの本が、入っていた籠でした。警察官がたくさん来ました。

その時に、心から祈りました。

取られたものは、こそ泥さんには、必要の無いものです。だから、どこかに捨てていってください。

名前が書いてあるから、誰かがきっと見つけて、届けてくれる。

夕方、銀行へ行きました。自転車でしたが、ふと道を変えて、交差点に向けました。

赤信号で止まり、足元の前方を見たら、何か本が落ちていました。

学生さんが落としたのかしら‥と、よく見たら‥（私はひどい近眼です）それは昨夜、取られた、書道の本一式でした。

が生まれるのではないか！？　そして、その思いが拡がり何かが大きく変わって行くのではないか！？

みんなで、母なる地球に心を込めて“ありがとう”と伝えましょう！というものです。

心の籠もった皆様からの“ありがとう”という言葉が集まればきっと多くの方々の心にも、地球にも響くことでしょう。

悩んで病気になってしまっている人たちを励ますようにきっと人々に、地球に、元気を与え、免疫力が高まり、
浄化力・生命力が高まってくれるのではないでしょうか！？

祈ることは、思いを込めることです。

思いを込めて、言葉にするとエネルギーが動き始めます。そして、未来へと向かって行動して行くきっかけともなります！

私たちは、今年から大きく変わります!!!!!　　きっと、地球人は、素晴らしい本来の役割を為すために大きく変わります!!!!!

地球愛祭り 2009 in 京都

相良圭太郎



また行きたいなって思えるお店の店員さんは、いろいろな形であなたにたくさんの愛を出しています。

その愛を注がれたいから、また行きたくなるんです。

たくさんの出愛をしていきましょう。

私も、あなたとの出愛に感謝しています。

**☆出愛にするためのヒント**

人と出会ったときには、自分から「愛」を出そう。

「どうしたら愛を表現できるか?」って、いつも問いかけよう。



おかんへ
俺を産んでくれてありがとう
俺が二十歳になるまで離婚せず頑張って
くれてありがとう
おかんには本当に感謝してるんだ
１人にしてごめんな
自由にさせてくれてありがとうな

おやじへ
あんたはクソおやじだ！
暴力振るうし、ほとんど家いなかったし
でもな、忘れられないんだよ
今でもユーミンの曲聞くと思いだすんだよ
少ししかないあんたとの思い出が
どんな最低でも、あんたは俺のおやじだ
だからとりあえず、ありがとーな

妹へ
辛い時、俺を頼ってくれてありがとうな
ガキん頃一緒に遊んでくれてありがとーな
今は嫌われちゃって連絡つかないけど
また笑顔で再会できる日がくると
信じてるぞ
気が向いたらいつでも連絡してこいや
番号は変えずに待っとるけーの

家族みんなへ
今は４人バラバラになってしもーたけど
いつか絶対俺がなんとかするけー
また笑顔で４人再会しよーや
そん時はおやじ
４人を釣りにでも連れていってくれーや

【未来マッチング】のＡＳＫ
えーちゃん

わたしたちは、考えてみますと我々地球人の親である“母なる地球”に対しまして、これまでとても親不孝なことばかりしてきました。生態系・環境破壊や人間同士の戦争・・・そして現在、人類をはじめたくさんの動・植物の生命が、次々と失われています・・・。1日25,000人が飢餓の為に亡くなり　1年間に40,000種もの生き物が絶滅し、1時間にサッカー場15面分もの森林が消えております・・・。このままでは、絶対にいけない！！！！！

ひとりひとりの力は、ちっぽけだけど、僕たちにも出来ること・・・！？

そんな思いから、辿り着いた答えは、まずは、これまでの自分の生き方を反省して今日も生かして頂いていることに感謝し、全てを大切にしながら謙虚に生きてゆくことでした。

そこで、誰もが直ぐにでも出来る事として、まずはみんなで、母なる地球に感謝する思いを育みましょう！ということから、このイベント企画が持ち上がりました。

御来場できる方も、そして来られない方も同じ日時に“地球に感謝、ありがとう！”と声に出して言うことで、大きなエネルギー



# 大きな「愛」は、大きな「eye」

「こんなこと見つかったら、先生に大目玉よ！」

っていう、大きなeyeではありません（笑）。

大きな「eye」というのは、大きな「視野」のことです。


些細《ささい》なことでイライラ、不安になったり、許せなかったり、ネガティブな感情を持つときがあります。そんなときは、視野が狭くなっています。

視野を広げて、大きな視点で人やできごとを見ましょう。

大きな「視野（eye）」で見ることができるようになると、
大きな「愛」で見られます。
「まあ、大目に見ようよ」って言えます。

目先だけしか見ていないと、全体が見えなくなります。

目先のことに、一喜一憂してしまいますし、細かいことにとらわれてしまい



今まで沢山の人に出会ったケド、
初めて本音で語り、
心を全てさらけ出せる異性の友人に出会えました。
今回バラバラになってしまうけど、
あなたの優しさにどれだけ助けて貰ったか
数えきれないくらい。
本当に有り難う。

幸山准子

感謝します。
魔法の言葉 ありがとう、感謝します・ツイてる
この言葉とであって、沢山 良いこと ツキがどんどんよくなりました。毎日がありがたいし・感謝感謝です（^O^） ありがとうございます。

ついてるさっちゃん

泣いたり、怒ったりしたケド、笑顔で過ごすことが多かった２年でした。
学生時代に戻ったような感じで、本当に楽しかったです。
今回バラバラになるけど、ここで過ごせた日々は忘れません。沢山、悩みを聞いてくれて有り難う。
みんなの笑顔と優しさに毎日救われました。異性の親友って勝手に思っちゃってるケド、
本当にそんな感じ!!　言葉に出来ないくらい、感謝の気持ちでいっぱいです。
きっと誰か１人は「また呑み？」って突っ込むかもしれないけど、いつか同窓会みたいな感じで、
集まれたら良いな。

幸山 准子



ます。

ちょっとうまくいかなかったりするときは、視野を広げて、愛で包んであげて下さい。自分も、人も。子供を見守る母親のように。

人生も、長い目で見ると、いま起きた、つらいと思っていることは、たいしたことではなくなるかもしれません。

もし、神様の視点なら、いまの私たちの状態は、どう見えているのでしょう？

「神様 eye」になって、大きな愛で見られたら、ステキですね。

**☆大きな愛で見るためのヒント**

「もし自分が神様だったとしたら、どう見えるか?」をイメージしてみよう。

実は、ささいなことってたくさんありませんか?



朝、目が覚める
生きていたんだ、生かされていたんだ…と思う
今日だけ、この一時間だけ、この一分だけ、この一瞬だけ
自分の気持ちの赴くままに自由にさせていただける、さ～わせ
不自由な人が沢山いるのに私は恵まれているな…と思う
何だかんだ言っても、文句も言うけど
ありがとうございます

うにえ

”ありがとう”
この一言が最低でも二人を幸せにする。
言った人と言われた人。
みんなが、”ありがとう”と言えば、”ありがとう”が繋がって、
たくさんの人が、幸せになれる。
”ありがとう”と言う事で、社会全体が、幸せになれますように！

実穂

ここに、書けることに感謝です。

このサイトに出会えたことに感謝です。

ワクワクしてたのしみましょう！

ヒデ

# 「ハッピー漬け」になる

いつもハッピーでいられる方法。

それは、自分を「ハッピー漬け」にすることです。新しい漬け物です（笑）。

考えること、発する言葉、行動、関わる人、行く場所、イベント、態度、表情、仕草、モノ、服装、アクセサリー、体調。

たくさんあるものを、どんどん幸せ漬けにしていくのです。


もしもいま、幸せなら、どうするか？

たとえば、発している言葉は、幸せな人の言葉か？

関わっている人は、幸せそうな人か？

表情はニコニコ笑顔か？

服装は明るくて、楽しげか？

身体は健康で、絶好調か？


いろんなことがありますが、ハッピーで自分も人も環境も、なるべく長い時間、




あなたに出会えたことで、自分の無力さと視野の狭さを痛感したよ！

世の中は自分が思ってる以上に深くて広くて、素晴らしいものだって教えてくれたんだ。

辛い日や泣きたい日もあるけれど、それは無駄じゃない！

何も感じない人生なんてつまらないよ。

何年、何十年、何百年、何千年、何億年先だっていい！

俺はまたいつかあなたにありがとうを言いたい。

西澤たけ

辛い時、悲しい時に支えてくれる友達、家族に感謝。
私は、ﾊﾞｶだからショックな出来事ないと大切なものに気付けない。
落ち込んだ時に、ただただ話を聞いてそばにいてくれるあなたたちには感謝してもしきれないよ。
あなたたちがいるおかげで、私は私らしくいていいんだって思える。ありのままの私を受け入れてくれてありがとう☆
あなたたちが苦しんだ時は全力で支えるから私を頼ってほしい。
これからもよろしくお願いします。ﾏｼﾞみんなサイコー☆彡

山田　桐子



たくさん漬け込んでいきます。

ハッピーっぽいものには、どんどん近づいていく。関わる。親友や仲間の結婚式とかに行くと、最幸にうまく漬かりますね。人生レベルのハッピーです。

そうしていくと、「ハッピー漬け」ができあがるのです。

「うわっ、この人、いっつもハッピーのにおいがプンプンするぞ！」

「ハッピーオーラがただよってくるぞ！」

って言われるくらい漬かれば、いい感じです。

漬かっている時間が長いほど、保存も利くので日持ちします(笑)。多少のことでは、へこたれなくなります。ハッピーなものをたくさん集めて、その中に仕込んでおくといいですよ♪

**☆ハッピー漬けになるためのヒント**

ハッピーを集める、「ハッピーマニア」になろう。



信じたくない現実です

母は幾つになっても、心配してくれています
９２歳の母を想うのは、
想わなければいけないのは私なのに・・

お母さん遠くに嫁いで・・ご免なさい
でも離れてるからこそ、遠いからこそ私は、
いつも母に感謝しています

長生きしてご免ね！なんて言わないで、
ず～～っと
電話の向こうから、返事して下さい

私はきっと、
母を越える事は出来ないと思います
全ての点で・・だからこそ、
心から有難う～お母さん！！！

どんちゃん

たくさんの出会いに心から有り難うございます。
出会いを通して一つの新しい世界の扉を見つけました。
まだまだ未熟な身ではありますが、これからも日々の出会いを通じて
自分の世界を広げて行きたいと思います。
最後に僕を生んでくれた両親、健康な体を授けてくれた神様、
今日までの数々の恵みと、これから与えられるであろう数々の恵みに、
心から感謝申し上げます。

Cat K.G

# 澄んだ心にするには？

澄んだ心にするには、どうしたらいいんでしょう？

心を「澄ませる」ために、「済ませる」ことです。


人によって、それぞれ、まだ済んでいないことがあります。

たとえば、身近なレベルでは、家の掃除、やろうとしていてやり残している仕事、用事など。

人生レベルでは、両親に感謝をすること、過去のできごとの清算、自分を許し、認めることなど。

さまざまな、「未完了」のものが心にたまっていると、心は濁ってきてしまいます。


一気に全部はできないかもしれませんが、五分でもいいから、いま、自分にできることを完了し済ませることです。

「済んだ」分だけ、心は「澄んで」いきます。年末の大掃除は、いいしきたり




私は母に感謝・・です
私は４人兄姉の末っ子
今年９２歳になる母は故郷で
一人で暮らしています
その強さには私には、到底太刀打ちできません
父が亡くなってから
子供に迷惑だけはかけたくないと、
老いた身体に叱咤激励して
未だに家事もこなして、生きています
遠いから何も出来ない・・
そんな自分を情けなくも思いますが
電話の向こうで、いつも話しかけてくれてる・・
その存在に感謝です！

私にとって母の存在は永遠なんです
電話をかけて・・応えてくれるのが当たり前って
思ってるんです
やがては、そんな時も失うのでしょうが～

感謝します。自分が笑ってると、喜んでくれる人がいる。
隣で笑ってくれると、自分も嬉しい。
つらい時もあったけど、その時があったから今の自分がいる。
思い通りにいくことなんて僅かだけど、
自分が笑ってると、喜んでくれる人がいる。
いろんな考え方の人と出会い、いろんな歌と出会い、いろんな本と出会い、
いろんな映画と出会い・・・。
自分が接した、すべてに感謝します。

サポーター 畑中隆博



ですね♪　一年の未完了を済ませるいい機会です。
澄めば澄むほど、「清々《すがすが》しい」気分になります。

ベイビーステップで、よちよち歩きでもいいので、身近なところからやっていきましょう♪

**☆心を澄ませるためのヒント**
まだ、やろうとしてやっていなかったな～ということを済まそう。
目の前の小さなところから、始めよう。



自分を形づくる仲間や
今を生きたいと思うつながりや
未来をわくわくさせる言葉に

でもそんな大きな力よりも
些細なこと、当たり前って思ってたこと、
あなたのその一言が、
周りの人を救うかもしれない
あなたのその一言が、
会ったことのない人を笑顔にするかもしれない
不器用でもいいから、
あなたのその一言が、
目の前にいる人の心を溶かすかもしれない

「ありがとう」の言葉に、
あなたの想いが乗れば、
世界なんて簡単に変えられる

きんぴらふりかけ

神様ってとっても優しいから・・
感謝できずに、あたりまえ、当然だと思っていると
一つずつ消してしまって教えてくれます。
目の前からなくなってから気がつきます。
あたりまえ当然なんて一つもないことに。
日々の小さなことにこそ感謝して暮らせることが
本当にありがたくって心から愛を込めて笑顔で感謝です。
みかママ



# 人生や車で気分が悪くなるのは?

生きていて気分が悪いときがあります。

車に乗っていて、気分が悪いときがあります。

なぜ、気分が悪くなるんでしょう?

そして、気分が悪いときには、どうしたらいいんでしょう?

共通の解決策がありました。

それは、

「自分で運転すること」

です。


人生で、一番ストレスがたまって、気分が悪いときは、人のやること、言うこと、想いに、「振り回されている」ときです。

自分が好きでやっているなら、大変でもやっていけます。



「ありがとう」ほど、
シンプルな言葉なのに
大きな力を持ってる言葉はない。
人の心を打つ言葉はない。
それは、きっとみんな気付いてる。

でも、当たり前って思ってる事が
「ありがとう」を言えなくしている
あと少し勇気を振り絞る事ができなくて
「ありがとう」を言えなくしている
「ありがとう」を言うのって恥ずかしくない?
と勝手に思って
「ありがとう」を言えなくしている
あなたが言う「ありがとう」を
待ってる人がいるかもしれないのに、
それってもったいない
生まれてくる生命や
全てを造ってる宇宙や

ある真夏、帰宅すると部屋がガランとしていたね。
ゴミと共に部屋の真ん中で、うつ伏せで倒れていた相棒。人科なまけもの抱き枕『ニゴウ』
私→『笑うしかないな…明日からどうしよう』
ニゴウ→『先のことは心配するな。とりあえず笑っておけ！笑っておけば笑える日が来る！オレに任せろ。なまけもの級チャンピオンだからな。今日を精一杯生きればいい』
時にはリズムを刻み、時にはパンチし、宙を舞い、時には涙で濡らすけど、ありがとう。
のりたま



無理やりやらされていると、ガマンが必要になります。

そしてガマンを続けると、身体や心にしわ寄せが出てきてしまうのです。


車も、くねくね山道のときに気分が悪くなるのは、「人」が運転しているときです。

安全快適ならいいんですが、次に右に曲がるか、左に曲がるか、わからないままびゅんびゅん振り回されると、あっという間に酔います。

でも、同じ道を、自分が運転していると酔いません。不思議です。通る道の問題ではないんですね。


主導権、ハンドルを自分が握っているのか、人が握っているのか、そのちがいです。自分の意思で、運転しましょうね～。

**☆人生で気分を良くするためのヒント**
人の意思より、自分の意思を尊重してみよう。

自分がやりたいように舵取りしてみよう。



感謝について
感謝していないと、どうなるのかが、
わかりました
これは、私のダジャレマスターによる考えですので…（笑）
感謝の、反対ですね。
かんしゃ
反対
やしんか
野心家
と、メッセージが降ってきました。
感謝ができていないと、
自分だけが、強い欲望に捉われて
自己の欲求だけに執着するのだと思います
みんなに、喜ばれる存在でいたいですね
すべての出来事に、感謝しています
ダジャレマスターによる、言葉のメッセージでした
棚瀬　誠

感謝をする時、合掌します。
その合わせた手から暖かさを感じます。
自分を気にかけてくれたり
なにかプレゼントをもらったり
それ以外でもいつもいつも周りのお陰で生きれてます
きっとこの手の暖かさは、皆さんの暖かさなのだと思います
本当にありがとう

かずちゃん

# 人生のスコアボードばかり見ない

人生で、たとえば、

どれだけお金が稼げたか?
売り上げはいくらあがった?
コミュニケーションはうまくとれたのか?
ちゃんと伝わったのか?
ブログのアクセス数はどうだったか?
成績は、いま何位なのか?
ライバルのあの人には負けていないか?
好きな人とつき合えるのか?

結果ばかりを気にしてしまうことがあります。
結果しか見ていないときがあります。
そんなときは、どういう状態でしょう?





【あなたが大好きです
生まれてきてくれてありがとう】

あまの　ひかり

「ありがとう」
難しい言葉や
凝った伝え方なんかいらない
ただその時想った素直な気持ちを
言葉にして言えればいいんじゃん
ありがとう、って
笑って感謝できる日々があるなら
そんなにうれしいことはないや

ふじーちゃん

過去に出会った出来事のおかげで、
ある方に情報を教えてあげることができました。
その方がお礼を言ってくれた。「ありがとう。^ｖ^」と。
お役に立てて嬉しかった。
唯一、私だからこそ伝えられた。
言われて嬉しいだけじゃなくて、
その過去に出会った方へも
私から「ありがとう。」を伝えたいな。

紀子８１０



それはテニスの試合でいうと、「スコアボード」しか見ていない状態です。

テニスでは、目の前のボールや、目の前の相手を見て、一〇〇％いい球を打つことだけに、集中しないといけません。

それができた人は、勝てます。

結果ももちろん大事なんですが、いま、何対何かな、三―五で負けてるな、四―五だなとか、いちいち気にしていたら、ボールを打つのをミスします。

相手やボールだけ、見ていればいい。スコアボードは、たまに見ればいい。

単なる、現時点での評価でしかないから。

点数は、あとからついてきます。

試合はまだ途中です。

いまは負けていても、勝てることをやっていれば、自然に勝てます。

いま、自分のできることを、やりきるだけです。

いま、目の前にいる人を喜ばせるだけです。

いま、目の前の仕事をやりきるだけです。



遅刻したって気づいた私は素晴らしい☆
世の中にわるいことはなにひとつないから、
あやまる代わりに、ありがとうと言ってみた。
オーナーさん、今日は本当に助かりました☆
ありがとうございます☆
翌日、時給があがっちゃった♪
順調♪順調♪全ては上手くいっている～♪

魔法使い☆ぴこたん

生きていること、健康であること、
食べ物があること、家族や友達がいること‥
当たり前のことを１番に感謝しよう。
たくさんの幸せがあります。

えりんちょ

「ありがとう」
コンビニの店員さんに対して、
ご飯を食べに行ってお金を払ったあと
バスに乗って降りるとき、運転手さんに対して
些細なことでも、ありがとうを伝えるあなた
そのおかげで、私も小さいことにも感謝できるようになりました。
本当にありがとう

旭

いま、感謝して、楽しんで、味わうだけです。

それができれば、自然にいい結果は出ています。

商売なら、目の前のお客さんを喜ばせることだけ考える。

家族と遊んでいるなら、ただ遊ぶ。ただ楽しむ。


迷いがあるときは、スコアボードを気にしすぎているときです。いま何点であっても、やることは変わりません。ベストを尽くすのみです。

「あ~、○○点になっちゃった……どうしよう……」

とか、気にすればするほど、勝てなくなります。

すごく、シンプルです。難しくしたら、負けます。テニスでも、いろんなこと考えだすと、自滅する人が多いです。迷いながら、どっちつかずのまま打ってしまうから。


スコアボードは気にしないで、ただ、いい球を打つことだけ、考えましょう。

いまを、生きましょう。全身全霊、この一瞬に出し切ったかどうかです。





１０年前、家族が自ら命を絶った。

でも・・・原因を作った相手を憎む気持ちにはならなかった。

一番近くにいた家族の私がどうして気づいてあげられなかったんだろう、とずっと自分を責めていた。

１０年。忘れることは決してできないけれど、時間の経過は少しづつ心を癒してくれる。今はチャネリングでお話もできるし、あなたの役割も理解できるようになってきた。

ありがとう、あなたに出逢えておねえちゃんは幸せだよ。


優寿～ゆず～

私を産んでくれてありがとう♪
私と友達になってくれてありがとう♪
私のことを好きになってくれてありがとう♪
そして、、、「今日も１日ありがとう♪♪」
「ありがとう」の言葉って
自分の心もぽかぽかになるんだよね☆★
ありがとう♪♪
しがない大学生　より★☆

帰る家があること　親がいること
学校にいけること　友達がいること
恋人がいること
当たり前なことなんて何一つない。
だから自分の周りにある全てにに
もっと感謝しよう。
『ありがとう』
みー



それができたら、あとから結果はついてきます。
結果は、試合途中ではなくて、あとで見ましょう。
人生の試合はまだまだ終わっていないから。

**☆人生を楽しむためのヒント**
いま、目の前にあるできごと、人、仕事に感謝して、
味わって、楽しもう。



『ありがとう』そんな言葉がある。
誰もが言ったことがあり、
誰もが言われた事がある言葉…
みんなが笑顔になれる魔法の言葉…
『ありがとう』に『ありがとう』
takechi

どんなに辛く悲しい過去も
それがあったからこそ
今、素敵な時間を過ごせてる
どんなことも感謝だな
“愛がとう”
千秋 キラキラ耳ツボ

今、地球に居る事に感謝。
今、呼吸している事に感謝。
今、2本の足で立てている事に感謝。
今、2本の腕で物を持てる事に感謝。
今、この体で運動できる事に感謝。
今、痛みを感じれる事に感謝。
今、目から涙を流せる事に感謝。
今、満面の笑顔で笑える事に感謝。
そして何より
今、この僕を産んで育ててくれた両親に感謝。

バスケットマン　たっくん

# 神様は奇跡を起こしたがっている

神様は自分を見捨てた。そう思いたくなることがあります。

こんなにやっていても、何も変わらないって。

それはあなたが、奇跡が起こすのを拒否しただけです。あなたが、神様の奇跡を見捨てたんです。


では奇跡が起こる瞬間って、どういうときでしょう？

それは、あなたが、「覚悟」を決めたときです。

もし、まだ奇跡が起きていないのなら、まだ、あなたの「覚悟が決まっていない」からです。まだ、あなたには、やれることがたくさんあるのに、やっていないんです。出し切っていないんです。

奇跡を起こすには、それにふさわしい舞台が必要です。中途半端なところで起こすわけにいきません。それは、その人のできる可能性を、閉ざしてしまうので、「まずは自分の力でやってごらん」って言うことです。

過保護な親になってはいけないんです。その人を信じて、見守っていくことが、




今まで出会った人に心より感謝します☆そして、これからであうソウルメイト達に感謝します

聖子

無理して感謝を振りまかなくても
自然とありがとうと思うしかない
奇跡のような出来事が起きてくれたりする
そこが面白いところ
だからつらい時に無理して感謝しなくてもいい
理不尽だって暴れてもいい
後からでも充分埋め合わせができる
感謝の時間軸は結構融通がきくみたい
ただいま自分に投資中

moeve



本当の愛だから。いま、奇跡が起きたら、だれもが感動するだろう、ドラマチックな展開になるだろう。そんなときに、奇跡は起きます。

「もうダメだ!! 覚悟を決めて、腹をくくってやる」

奇跡は、そんな瞬間を、まだかまだかと出番待ちしているんです。

「よしっ、いまや! 起こしたろ! 待っててや!!」

神様は、そう言いたくて、うずうずして待っているんです。隆太がもし神様なら、そうします。

最後まで、あきらめずに自分の力を出し切っている人に、幸運の女神、勝利の女神はほほえみます。

奇跡は起こるべくして、起こせる人に起きているだけです。

奇跡は、「起きる」ものではなく、「起こす」ものなんです。

**☆奇跡を起こすためのヒント**

神様に奇跡を起こさせる自分になろう。

「神様に奇跡を起こさせる自分なら、どうするか?」と問いかけよう。



今まで出遭ってきた　スベテの人・もの・事
出遭ったスベテが　気付きでした
出遭ったスベテが　ジブンでした
そして・・・スベテは　最初から　ワタシの中にありました（^０^）/
それを確かめるために　沢山の出逢いが用意されてありました
生まれること　それがすでに　祝福です☆

スベテに　ありがとう　ホントに　ありがとう（*＾＾*）

ベル

二年間
あなたと過ごした時間に　感謝してます。
ありがとう。
ありがとう。
ありがとう。
出会えてよかった。
幸せだったよ。

mari

あなたに出逢えて嬉しいです♪
ありがとうｏ（＾３＾）ｏ

☆ HIDEKI ☆

ありがとう
深澤



# ワクワクバリューセットをつくろう

「ワクワクする、楽しいことをするために生きていたい」
そう言ってはみるものの、やりたいことだけではなくて、やらなきゃいけないこともたくさんありますよね？

そんなときには、「ワクワクバリューセット」をつくりましょう♪

マクドナルドなんかにバリューセットってありますよね。
あれは、何であるんでしょう？
それは、単品で売るより、その方がお客さんが買ってくれるからなんですよね。
単品だけだと、手をつけないものであっても、セットになれば、まあ買おうかなって。

やりたくないものがあったら、やりたいことと一緒にやってしまいましょう。
やりたいこととやりたいことのセットなら、なお最幸です。



誰かに感謝の言葉を伝えても、照れからかどうも
嘘っぽくなってしまう。ならば、まずは自分がどう生きれたらHAPPYなのかを目指したい。
そして、感謝する人たちの前でいつも笑顔を見せていたい。誰かの笑顔は誰かを幸せにできる。
感謝の気持ちを伝えたいから、いつもあなたの前で笑っていたいよ。

shumikuman

仕事（勉強）で苦しんでいた時、自分は何のために一生懸命やってるんだろうって思った。そこで考え着いたこと。

それは、「自由を手に入れるために努力しているんだ」って。

やりたいとこをやっている時が一番幸せ!!　だったら、それが自分の自由につながる！

つまり、今、一生懸命努力してることが自分の本当にやりたいことだってことか!!

多分、不満が出るうちは120%全力でやってないから、
涙出るくらいやってみたら、奇跡が起きて、「自由な何か」が見えてくるかも。

いりー（大空を飛ぶことを夢見る候補生）



隆太は、めんどくさいと思うことは、ワクワクすることとセットメニューにして、一緒にやれるようにします。

たとえば、ＤＶＤで映画を観ながら、洗濯物を片づける。

こうして同時実行すると、やりたいこととやらなければいけないことが一気にできてしまいます。

やりたくないことを、「あ〜〜やらなくちゃ」って思ってやらずにウダウダしていると、ただ、つらいなっていう気持ちが残るだけで、結局やりたいことすらもできていません。

・音楽を聴きながら、掃除をする、
・アロマをたきながら、身体のストレッチ
・歌いながら、料理&洗い物
・フットバスをしながら、事務作業
・読書しながら、通勤電車の時間を過ごす



人間は、仕事によって磨かれ、仕事によって鍛えられる。
いいかげんな仕事をしていては、
信頼をいただくことは出来ない。
また、決して人に認めてもらえることはない。
そして、お客様に喜んでもらえることもない。
仕事をすると、また仕事がもらえる。
一生懸命がんばる人に、仕事は集まる。
仕事はチャンス。チャンスを増やし、チャンスを生かす。
世の中には、二通りの人間しかいない。
それは、「成功する人」と「失敗する人」のどちらかではなく、
「成功も失敗もする人」と「成功も失敗もしない人」の
どちらかである。
「失敗」とは、ただの失敗ではなく、貴重な「経験」。
その数の分だけ人は成長する。
だからこそ、失敗を恐れないでチャレンジしよう！
やってやれないことはない！やらずにできるはずがない！
やればできる！大丈夫！！
おざわかつや

あなたが、小さい頃、「早く帰って来なさい～！！」

と言われても、ずっとやめなかったことは何ですか？

時間を忘れて、思わず没頭してしまうことは何ですか？


「今の仕事を辞めて、独立して幸せになるぞ～☆」

「きっと、別の世界に幸せで豊かな世界があるに違いない！」

と思ったあなた。


何かのご縁があって、今のお仕事についているはずです。

今の仕事の中にも、
・この作業は、難なくやりとげてしまう。
・人より早く、あっという間に仕上げられる。
・この作業なら、ずっとやり続けても全然疲れない。
という部分が、必ずあるはずです。

私は、ずっと、今携わっている仕事の外に、幸せが
あるものだと思っていました。
休日は、とにかく新しいことを習うのに必死でした。

でも、気がつくと、一番長く関わっていたのは
そのときに携わっていた仕事でした。

あなたが、一番難なくこなせること。

それが、他の人から見たら、ものすごい才能かもしれません。

折原瑛菜　（開運美人道コーディネーター）

などセットメニューはたくさん考えられます。

「どうしたら、楽しくできるかな？」って、まずは考えてみることです。

ワクワクバリューセットを頼むときには、スマイルも忘れずに♪

**☆ワクワクバリューセットをつくるためのヒント**

同時にやっても支障のない、オリジナルセットメニューを考えよう。






「よいメンターを見つけよう！！！」

よいメンターというのは、「信頼できるよい相談相手」かな！

どんな仕事でも、それが人と人との間で行われるかぎり、人との関係がとても大切です。今のようにインターネットが普及してもですね。ですからよいメンターに恵まれれば、当然仕事の成功も早いといえます。

もしもこれを読まれているあなたが素晴らしいメンターにめぐり合った幸運な人なら、ぜひメンターから教わったことをあとから来る人たちに教えてあげてくださいね。

人は誰かに何かを教えることによって実はもっと大切なものを教わっているのです。

．．．．．よいメンターになって成長しよう！！！

札幌きんちゃん

自分に成長をもたらせてくれるもの
たくさんの方々に支えられていると感じるもの
身近なスタッフの有り難さが身にしみること
喜ぶお客様の顔が浮かぶこと
仕事があることを感謝できること
目の前の仕事をただただ精一杯やりきること

emi



# 人生をSMクラブにしない

過激なタイトルですね～（笑）。

ＳＭクラブってありますよね。ムチとか言葉とかで、責めたり責められたりする、アレです。隆太は知らない世界なのですが……（笑）。

実は、人生をＳＭクラブのようにしている人がいます。

人や、自分のことをいつも責めている人がいます。

言葉責めなどで、肉体的、精神的にいじめています。

自分がやってしまった失敗を、「このバカ！」って責める。うまくできなかったこと、やれなかったこと、過去を後悔する。やさしくなれない自分を責める。人の失敗を、いつまでも根に持って責める。人が反省をしているのに、傷に塩の上塗りをする。

赦《ゆる》すことができない人がいます。隆太もそうでした。



大学でろくに勉強せずに就職。開発の仕事に就きましたがいろいろな辛いことがありました。
でも、そのたびに、成長し、また、知らず知らずに、自分の天職に一歩近づくような行動をしていたのですね。
学会活動、弁理士試験受験、リーダーについて学び、どれもまだまだ修行の道半ばですが、
こうやって、自然と必要なことが向こうからやってくる感じです。

浅野能成

世界中の人を笑顔にする！
飛行船で世界をまわって、
みんなが飛行船に手を振ってくれて、
子供たちが、飛行船の絵を書いてくれる。
その顔はみんな笑顔！
将来そんな仕事をします！

Mer-Ciel

どんな仕事でも、自分にできる事をがんばり、
笑顔で楽しくとりくみたい☆
幸せは人とつながりから出来るもの。
人を大切にして仕事に感謝です☆

聖子

因果応報という考え方があります。

悪いことをすると、悪い結果が返ってきます。その時点で、もう赦されているんです。つらい思いをしたとします。それで、因果応報は完結している。

にも関わらず、ダメ押しで猛反省したり、責めてしまう人がいます。
マジメで、責任感の強い人ほど、苦しみを倍増させてしまいます。

もし望んでいない結果があったら、そこで学んで気づけばいい。どうしたら、次は望んだ結果になるだろうかって。結果を次に活かせばいいんです。ただそれだけです。責めたとしても、次につながりません。

だから、責めるというのは、ある意味、自己満足です。
自分や人を責めるのは無意味です。本人が一番つらいのですから。
自分や人を責めて喜ばれるのは、「ＳＭクラブ」だけなんです（笑）。

必要なときには、勝手に人が責めてくれます。それ以上ダメ押しでつらくて苦しい思いをするのは、もうやめにしましょう。





“もっと笑顔を　あなたの幸せが私の目標です”
・あなたの笑顔を見たい
・あなたを幸せにしたい
それが私の使命です。
みんなが幸せで、笑顔でいられる世の中にしたい。
心も体も健康であることの素晴らしさを実感していただきたい。
笑顔と幸せを運ぶ整体院を目指しています。

ｽﾏｲﾙﾎｰﾑ あおぞら整体　骨格調整師　渡邉　亨

「マスターの笑顔見に来たぞ」
って言われたことが
やっぱり　元気が出るよね
長野駅前 スナック「プチィ」マスター

人の目には、見えないすごい（力）があるのは、
知ってますか？（信用）と（信頼）という目に見えない
力は、人間と会社を大きくするパワーを持っている。
円井健太郎



自分や人を赦しましょう。

こう、言葉に出して。

「自分をゆるします。人をゆるします」

**☆自分をゆるすためのヒント**

失敗したのならそれを責めずに、ただその事実を見て、

「次に活かすためには、どうしたらいいだろう？」

ということを問いかけてみよう。



適材適所と言うけれど
みんな適材なんだよね
自分が一番輝く場所は１人１人が持っている
そんな場所に辿りつくことが出来るのは
ただひたすらに「わくわく」を求め続けるだけ
遠足が楽しみで眠れない。そんな感じ
あなたは今、わくわくしてますか？
凜太郎

必ずしも、天職ではないかもしれない。でも、自分には向いていない仕事だとしても、継続は力なり、いつか適職になるかもしれない。
やりたい事が仕事になったら、それは本当に幸せな事。
今の自分、今までの自分を超越する為に、出来ない事にトライする事が
５年１０年後の自分を変える。
一日一つ、昨日出来なかった事をしていれば、塵も積もれば山となり
１年３６５日分の知識や能力が身に付く。人の器は経験の数だから。

岩本恵美（いわもとえみ）えみりん☆

# 「魔の三五キロの壁」のプレゼント

「魔の三五キロの壁」って聞いたことがありますか？　マラソンをやったことがある人なら、いやでも忘れられない言葉になっているかもしれませんね。
四二・一九五キロを走るなかで、立ちはだかる壁です。どんな人でも。

フルマラソンを走り切ろうとしていると、最初の二〇キロは、楽勝に感じます。最初のうちは、どこまでも走れそうな気になります。ところが、三〇キロを越えたあたりで、急に足が出なくなり、急激に、鉛のように重く感じられるようになります。

このあたりから、歩いている人が目立ち始めます。
「魔の三五キロの壁」が待っているんです。
三五キロ地点になると、最初はスキップでも行けたんじゃないかっていう、一キロという距離が一〇キロくらいに感じます。果てしなく長いものに。





「どんな時でも、仕事を楽しむ」
この覚悟をした時から、すべてが好転しました。
以前は、楽しい or 楽しくない　と感じていて、
楽しく無い時には、痴を言っていましたが、
楽しいでは無く、「楽しむ」に変えた時から、
自分次第になりました。
楽しむと　いつでも楽しいですよ！

マッキー北野（ゴルフセラピスト）

飲み屋のママに なって もぅ１４年♪
別に、憧れていた職業でも ２代目でも なく ただノリ♪と
運命かなぁ…なんて 始めたのが A・PARE
もちろん！お店も お客様も お仕事も 大好き！
改めて!! 幸せな仕事に つけた事に 感謝＼(*^▽^*)/
だってね♪
飲み屋さんって『元気な人』しか 来れないんですもの♪
その『元気な人』に『元気』を与え…
そして 私も 貰う( ´∇^*)^☆
まさに!! 『元気のリュース！』
ありがたいなぁ…
幸せだなぁ…
今日も いっぱい感謝して
働かさせていただきます(￣人￣)☆
スゴイ仕事に感謝☆感激　ありがとう＼(*^▽^*)/

創業 14 年 A・PARE まま



三五キロからゴールまで、身体はもう極限状態になっています。足は、冷やしたりマッサージしたりしながらやってきたけど、痛みは収まりません。道ばたで、足の筋肉を伸ばしている人もいます。立ち止まって、動けなくなっている人もいます。

もうやめたほうがいいんじゃないか、足は最後まで持つんだろうか。みんなそれぞれのレベルで、そんな想いに駆られながらも、ゴールにたどり着きます。その喜びは、表現するにもできません。至福です。

隆太は初めてフルマラソンに出たとき、スタート時とゴール時に涙が出てきました。両方とも、ここまでやってこれたんだっていう想いで。あれだけの人がマラソンに出るのは、自分をいじめるのが好きだからではないんですね（笑）。

魔の三五キロの壁は、人生にもあります。足も出ない、苦しい。リタイヤする人も出てきます。

でも、実は、それは、



『ただ、目の前の人に全力を尽くしこと』
『奉仕』の心を持って接する事は、
どうも菩薩の境地みたい。
こんな考え方をして、実践し続けると、
福の神さまがやってきて、
仕事も上手くいくみたいです。

愛ある梵天

何をするために仕事をするのか？
仕事が好きだから？
それとも、他の好きなことをする為？
何でも良いから自分の納得できる理由を
見つけると、人は頑張れるんだよね。

りょん

「永く幸せでいるためには、世の中の役に立つ自分自身でいること」であり、そうしているときが最も生きがいを感じ、最も充実していることを私は実感しています。

日本に伝えたれている神様は、火の神・山の神・学問の神など、得意分野をもたれています。つまり、私達は万能を目指すのではなく、一人ひとりが生まれ持った得意分野を生かして人の役に立つビジネスをすることで、成幸できるのだと思います。

リーダーズ☆サポート　大喜多健吾

「ゴールが、もうすぐそこにあるんだよ。よくここまで来たね」

っていうプレゼントです。


三五キロまで、走らなければその壁は出てきません。

そこまで行った自分を誇りに思って、ほめてあげてください。そこまで行くのは、並大抵のことではないんですから。もうちょっとで、ゴールなんです。すぐそこなんです。


だから、きついときは、いまフルマラソンに出ているんだと思って、ゴールして、すごく喜んでいるのをイメージして、そのプロセスを楽しみましょう。

きつければきついほど、あとで人生のネタになりますよ♪

そのきつさは、幸せや喜び、成長のためにあるんですから。

**☆魔の三五キロ地点を乗り切るためのヒント**
きつい分だけ、大きな喜びや感動がプレゼントされると知ろう。

いきなり四一キロ地点からスタートしてもつまらないでしょ？




接客業してますが、３週間ほど病気で入院しました。
「この間に忘れられるんじゃ…」って不安がありましたが、
お客様に
「あんたが居ない間、光が消えたみたいだった」
と言われ、
頑張って来て良かったと思ったし、
本当に嬉しかったです。

彩

学校を卒業したら…　大人になったら…
「仕事」をしなければならないって思っていました。
私の場合は大学を卒業するときに、職を探して自衛隊に入り、自衛官っていう仕事をしました。
でも、今では自衛隊を辞め、自由人に生きています。
仕事は、今ある選択肢から選ぶものじゃなくてどんどん生み出していけるもの。
そんな職業とか仕事っていう枠のなかで生きるんじゃなくって
他の誰かになろうとするんじゃなくて、
自分らしくワクワクした人生を生きることが最大の仕事なんだって今は思います。

菅原裕人



# 「逃げ」と「卒業」はちがう

新しい会社に転職する。恋人と別れてほかの人とつきあう。いままでやってきたことをやめて、新しいことを始める。

何かをやめて何かを始めると、人はいろいろな反応をします。

特にその期間が短ければ短いほど、人によっては「それは逃げだ」と言う人もいます。

「石の上にも三年」「長くいれば良さがわかってくる」など、一般的には長くその場所にいて経験してみないとわからない、と考えられています。

もちろん、時間をかけないとできないものもあります。お医者さんになる、弁護士になる、というように、必要な年数が確実にあるものもあります。

ただ、それだけがすべてではありません。期間に関わらず、やめていいときもあります。たとえそれが一日であっても。「こうしなければならない」というものはありません。



「仕事」って、最近難しく考えられがちだけど、本当のところは、今までやってきた、部活動とか学校とか選んできたような感覚で選択すればいいし、自分なりに精いっぱいやればいいのだと思う。

HOME

子供の頃はアナウンサーに憧れていました。
大学の第二外語で中国語に出会い、今は中国語通訳をしています。
残念ながら「子供の頃の夢」は叶いませんでしたが、
今、すごく充実しています！！
中国語学習に関する本も出版しました。
もっともっと専門性を高めるために、
次なるステップに向けて、日々自己研鑚しているところです。
イトウミナコ＠第二外語からの中国語通訳

特に新しいことは、未知なものです。まずやってみないとわかりません。
やってみて、やっぱり自分には合わなかったということもあります。

自分の中でやるだけやったけど、もうここにいる理由はないな、次に行く場所があるな、ほかにやることがあるな。

もし、あなたがそう思ったならば、もう「卒業」の時期かもしれません。それは「逃げ」ではありません。「飽きっぽい」と言われる人も、もしかしたら、人からそう見られているだけかもしれません。

逃げか、卒業か？
それは、「本人」にしかわかりません。人に聞くことではないんです。子供の卒業は周りが決めてくれましたが、大人の卒業は、自分で決められます。
たとえそれが短期間であっても、私はもう卒業なんだと思えたら、そのときが卒業です。

逆に長い時間いたとしても、チャレンジから逃げて、引き延ばしているだけ




今の仕事が辛いと思った時に、
今の自分はどんな気持ちか素直に自分に聞いてみると、
不思議と子供みたいに純粋な自分の心の声が聞こえてくるんだね。
これが直感なのかな。
嫌だから辞めるって嫌だね。
幸せに辞めたいね。
辞めるは止めるだね。
それだったら、また始めればいいね。
和どれ　会社員

「はたらくことはつながること」

「はたらく」と言う日本語は「はたをらくにさせること」

はたが楽になれば笑顔が増える。

笑顔を見れば自分が楽になる。

「はたらく」ことで社会とつながる。

こどもも女性も男性もママもパパもお年よりも
みんな本当は「つながるため」にはたらいているんだよ。

そんれを忘れなければ全ての仕事はミッションになる。

めぐみゆきこ



ということもあるかもしれません。変化を恐れて、いままでやってきた無難な道を歩いているだけで。

いままでに感謝して、卒業していく。いつまでも小学校にはいられず、中学校に行くように。

卒業する基準は、自分の中に「もうやりつくした。満足した」っていうスッキリ感があるかどうかです。

周りは引き止めるかもしれませんが、卒業しましょう。それが逃げなら、単位が足りていないので、また授業に戻ることになります(笑)。スッキリしたら、次のステージに行きましょう。また次の学び、次の楽しみが「ようこそ!」って待っていますよ♪

**☆卒業するためのヒント**

「いままでのところで学ぶことは本当にないか?」そして、「次のところで学ぶものは何か?」を問いかけてみよう。



『Hero』
人生は　神様が　produce　した
壮大な　documentary 劇場。
僕達は　神様から　選ばれた　役者なんだ。
いったい　僕は　何に　なりたいのだろう。
いったい　僕は　何が　したいのだろう。
いったい　僕は　何に　興味があるのだろう。
いったい　僕は　誰なのだろう。
そんな　事を　思う　あなた。
どんな　役に　なろうと　とも、あなたが
あなたの　『人生』の　主人公。
すべての　cast が　神様の story と
link しているのだよ。
神様は あなたに しか 演じられない 役を ちゃんと
用意 してるから。
Mr.myself ( 詩人　旅人)　加藤 達也

自分のこころの針が触れたことを追求していけば
必ずたどりつけるのが「自分の仕事」
というものだと思う。
自分の仕事を見つけたかったら
「自分に素直になること」
だけに集中すればいい。
そうすればきっと見つかるはずだから。
セラピスト　Tamao

# 敗者

敗者とは、負けた者。

それでは、負けるってどういうことなんでしょう？

負けるって、なんだかいやな感じがしますよね。でも、負けても負けても、そのことに感謝していければ、恐いものはなくなります。それ以上負けようがないから。


実は、勝てば勝つほど、負けられなくなります。一回でも負けたら、存在価値がなくなるかのように。そうなると、どうなるか？

守りに入ります。勝たなければいけないと思うようになります。

守るものは何か？　地位、名誉、ステータス、お金、プライド、ブランド。

人それぞれの、正しさ。


隆太は一時期、中途半端な勝ちぐせがついていました。いつの間にか、負けるのが恐くなっている自分がいました。





仕事は、自分の能力を発揮し、
活かし、現実を変えていくこと。
人に喜んでもらうことができ、
報酬をいただき、大事なものを守り、
手に入れることができる。
仕事のカタチはそれぞれで、
今していることは、自分が選んだものだから、
感謝して働くことができたなら、
人生のたくさんの時間が、喜びとなる。

仕事が大変でも、楽しんで働くことはできるから。
働くことが、夢の実現の連続だとしたら、
なんと人生が輝くことだろう。
子どもたちは、そんな大人を見たら、
早く大人になりたいと思うのではないかな。
仕事が喜びで、感謝であふれますように。
人生が輝き、素晴らしいものと感じられますように。
そして、仕事が祝福であると感じられますように。
ディマティーニ・メソッド・ファシリテーター　清水実穂

いま、
『不幸だ』
と感じているなら、
何かひとつ、みつけて
『～があって幸せ』
と言ってみてください。
なんでも良いですよ。
目が見えて幸せ
耳が聞こえて幸せ
お酒飲めて幸せ…
毎日唱えていると、
気がついたら何十倍にも何百倍にも
大きくなった幸せがやってきますよ。
幸せは倍々ゲーム。
ちなみに、愚痴、泣き言等の
地獄言葉ばかり唱えていると
不幸の倍々ゲームが始まるのでご注意を。

まるぞう（伊藤義幸）



その時にはじめて、いままで勝たせてもらっていたんだと気づいたんです。

なんて傲慢になっていたんだと、気づかせてもらったんです。

そこで、あるときから人を勝たせていこうと決めました。


絶対に勝たなければいけない、と思っている人は、実は「敗者」かもしれません。

「いつも負けるんだよね」って、人を勝たせて笑っていられる人は、実は敗者に見えるだけの「勝者」かもしれません。

いままで、周りの人、運の神様に勝たせてもらっていただけだと気づきました。

たとえば、「キラ☆ハピ」という言葉も、私が考えたのではなく、神様が思いつかせてくれただけです。いままでの出逢い、アイデア、その他、いろんなものが、隆太に思いつかせてくれたんです。自分の力だけで得たと考えるのは、傲慢ですよね。


すべてのものは自分の力で得たのではなく、もともと「〇《ゼロ》」なんです。

〇《ゼロ》は、失うものがありません。それに気づいたとき、〇《ゼロ》からスタートできるようになりました。

〇《ゼロ》、無、空になれたとき、無敵になれます。



「手元にあるもの」
どんなに苦しくて
もがいても何も見えなくて
半分、人生を捨てて
今も未来も悲観して
自己を非難して見下して
何のために生きてるのか分からなくなって
心に津波がやって来て
自らに傷を付けて
人を信じられなくなって
自分も信じられなくなって
何もかもが嫌で消えたくなったとしても
今、ここで呼吸をして、脈を打ち、涙も枯れ果てながら、
魂を刻々と繋ぐことができている。
幸せは今手元にない、
だけど、まだ、何かあるはず。何かできるはず。
命が手元にあるのだから。

ゆうた

啓ちゃんだいすき！
二人で幸せを築いていこうね！
夏音あゆ

一度壊れてしまった幸せを元に戻すことは出来ない。
でも、私の中では最短で壊れてしまった事を知ったと思っている。
心の傷はなかなか癒えないけれど、
壊れた幸せ以上の幸せが私を待っていると信じている。
「しあわせは　いつも　じぶんの　こころが　きめる」by 相田みつを氏
この言葉を信じて、日々の小さな幸せを感じることが、
少しずつ少しずつ私自身が今まで以上に幸せになる原動力になると信じている。
ぷ～ちゃん

そして、すべてに感謝していけます。
松下幸之助さんのように、すべての人に感謝して、勝たせていけるようになっていきます。

この「敗者」シリーズは、あと二回続きます。

**☆人を勝たせる人になるためのヒント**

すべてのことに「～している」と考えるのではなく、
「～させていただいている」と考えてみよう。
自分は「仕事をしている」と考えるのではなく、
「仕事をさせていただいている」というように。




私の周りの人が笑顔でいてくれるように
少しでも私と出会えて良かったなと思えるように
私は何かを起こしたい
出会えたことが奇跡だから
それだけで素晴らしいと思うから
恥ずかしいけど言いたい
みんなが幸せなら私も幸せ！！
New 社会人　haru

男の人が、
笑顔と大きな声で「ワハハ…」と笑ってるのを聞くのが
１番の幸せです。
いつまでも、その声が聞きたかったな。
彩

誰かを疑う事は一瞬。
誰かを信じる事は一生。
私は憎む事より、愛し愛されて
幸せな一生を送りたい。
花子

すぐに泣くのは止めていつも笑顔で
楽しく生活したいです。
金丸



# 「敗者」→「ハイ者」

「敗者」の続きです。

自ら、負けることができるようになると、どうなるでしょう?
「敗者」は「ハイ者」になります。
人に負けることができる人は、素直に「ハイ」って言えます。

人のことを認める。
人からの頼まれごとをただ引き受ける。
人を信じる。
人を上げられる。

それができるのが、「ハイ!」って素直に言える、「ハイ者」です。
いまの自分のままでいいと思ってしまうと、人生のステージを上がって行くことはできなくなります。そこで止まってしまうんです。



あなたが今生きているということは、
誰かの人生がそこにあるということは、
そこに、想いがあったことの証。
あなたが、誰かが、愛を注いでいたことの証。
この世界が、一生懸命なもがきと、愛でできていることを、
大きなものも、小さなものも、それぞれに鮮やかに存在していることを、
どうか忘れないで。
絢

私がひとりぼっちではないこと。
アナタがひとりぼっちではないこと。
手を伸ばせば何かに触れること。
耳を澄ませば音があり、瞳には何かしら映ること。
口を開けば言葉と歌があふれてくること。
それが、生きている幸せ。
一番大切な人、死が別ち、二人の歴史が途絶えたけれど、
愛した記憶を忘れないでいる、記憶が笑顔を呼び覚ます。
それもまた、生きている幸せ。
神が決めた寿命、
思う存分生き進むことを誰もが許されている。
それこそが、生きている幸せ。
みんな、みんな、幸せ。

歌うビーズ職人　美佳

人間の「器」を大きくする、魔法の言葉が、「ハイ」の二文字です。
「負けるが勝ち」っていう言葉の通りですね。

中村文昭さんという方がおっしゃるように
「頼まれことは、試されごと」
「ハイっていう〇・二秒の返事」（頼まれたら〇・二秒以内にハイと言おう）
これを実践できるかどうかです。

隆太も、「ハイ者」になれるように実践していきます。

☆**ハイ者になるためのヒント**
自分のことはいったん脇に置いて、
人の言うことを、まずは「ハイ」って受け取ろう。やってみよう。





生きてるといろんなことがあるけれど……
目覚める朝がしあわせで
自分の足で歩けることがしあわせで
お出かけできて
誰かに逢える
嬉しくてしあわせなとき
気づけば
しあわせは溢れてる＾＾♪
もしかせたら……
あたりまえのことなんて
なにひとつ　無いのかもしれませんね
出愛に感謝
今日もしあわせありがとう＾＾☆

ゆきろん（佐藤友起子）

朝ちいさな花を見つけて、にっこり笑ってみた
小鳥を見て、心の中でおはようって言ってみた。
大きな声を出すのは苦手だけど
いつも地面を見ながら、早足で歩く私だけど
すれ違う人ににっこりしてみた。。
なんだか自分がおかしくて、楽しくてしょうがなかった！
幸せは自分の心で決まる
明日は食堂のおばちゃんに、おいしかったです！！って
笑顔で言ってみようっと

ゆんさん



# 「敗者」→「ハイ者」→「high 者」

敗者三段活用の最後は、
「high 者」になります。

昔、クイズ「High and Low」という番組がありましたが（年代がバレます。わかっちゃった人は仲間ですね）、「高い」の意味の「high」です。
「ハイ」って言える人は、自《みずか》ら人に負けられます。自分が人に勝つ必要はないからです。

私の尊敬する心豊かな億万長者の方は、サラっとこれをやります。本当に素晴らしいです。自分が決して勝ちに行かないし、勝とうとも思っていないんです。勝てる実力は十二分にあるにも関わらず。

それは、自分で自分のことを認めているので、わざわざ人に認めてもらう必要がないからです。



10 代前半、突然の母の死。感情が亡くなった。
うれしいも楽しいも悲しいも何もない。
10 代後半、自分のｺﾄがどうでもよくなった。
遊び倒し、人の優しさ汚さいろんな所を見てきた。
20 代前半、難病にかかり闘病生活。
今までの日常では分かることのできない人達の気持ちを
知ることができた。
20 代後半、、
まだなったばかりだけどあなたと出会えた。
これから先、今までのようなことがあるかもしれないけれど、、
色々なことがあった私だけど、、
あなたと出会えて幸せです。
どんな一生が幸せかは分らないけど…
私は今、幸せです。

アヤタン

今、ここにいること。

今、ここにあること。

……全部が奇跡で、全部が幸せ。

生まれてきて良かった。

今まで生きてて良かった。

出会ってくれて、ありがとう。

陽子

「何のために生きるの？
　何のために生まれてきたの？」
そんな答えは必要なの？
生きることに意味が要るの？
わたしたちは生まれてきてしまったの
生きてしまっているの
どうせ生きるなら
幸せになったほうが楽しいんじゃない？
トゥイーティー

「人に認めてほしい！」って人は、なんとか上に行きたがります。トップであることを誇示します。舞台の上に立ちたがります。

自分を認めていると、高いところに行って目立とうとせず、人を支える、あえて人より低いところに行くようになります。

私はそういう仲間に支えられていると思うのですが、それができる人は本当に強い人です。本当にいつも支えられているんです。この本が書けたのも、こういう仲間にたくさんたくさん恵まれているからです。

人を勝たせ、人を支えている人たちは、

「まあまあそんなところにいないで、舞台の上に上がんな」

って言われて、

「いやあ、私なんかが……ありがとう」

って頭をかきながら、いつの間にか周りから押し出されて、舞台の中央に上がっている。そんな存在になります。


上昇気流に乗ったかのように、いつの間にか高いところにいる。

それが、「high 者」です。





ある年の瀬…
女の子に出逢った。
楓ちゃん 10 歳
末期ガンで余命３ヶ月
髪も抜け、
本当なら
泣きたいはずなのに

彼女はよく笑う。

「ゆうこりん！

　私の夢はカメラマンよ！」

そう言って目をキラキラ輝かす。

彼女に教わった事…

生きてる事を楽しむ。

楽しまなきゃ！

生きているなら
笑わなきゃ！
私は今でも楓ちゃんの
あの笑顔が忘れられない。
生かされている…
私は心から…幸せです！！
＼(≧▽≦)/ ﾜﾗｳｿﾞｰ
ついてる♪ゆうこりん

幸せはハッピー 不幸せはアンハッピー
幸せになるには、アンを取るだけで良いんです♪♪
アン♪アン♪アン♪とっても大好き♪ドラえもん♪♪
ドラえもんのような人があなたの前に現れるかもしれません
いま、幸せと思えないあなたへ
『幸せになるには、アンを取るだけで良いんです♪♪』
幸せプレゼンテーター ケイ



隆太も、真の「high者」になるために、一から学んでいきます。

関わる人みんなが「high者」になっていったら、ステキなことだと思いませんか？ そういう状態になっていけたらうれしいです。

ステキな仲間に恵まれていることに、感謝です。

☆high者になるためのヒント
人に勝たせ、人を支え、人を上げていこう。

そして、上がったら支えてくれた人を引き上げよう。お互いに。



近くにありすぎて
ときどき見えなくなるもの
ちょっとした一言や
優しい眼差し
手を触れたときの温かさ
なんでもない日常に
一瞬で彩りを添えるのは
やっぱりあなたの一挙一動
emi

私の側には、大切な大切な赤ちゃんが、います。
泣くし、怒るし、ウンチもしっこもする。
慣れない育児に、疲れて泣いた事もあるけど、
あなたの笑顔をみると幸せになります。
産まれてきてくれて、本当に、ありがとう。
本当に、本当にありがとう。
幸せをありがとう。
けい

日々の生活を丁寧に送ると、
家族が元気で生き生き暮らせるようになります。
お互いに助けあい、応援します。
ＣＯＮＥ自然観察指導員　ジェー

すっごく　すっごく辛い事があっても　大丈夫＾＾
きっとね　乗り越えていけるから☆
だって　乗り越えられるから
辛いことも存在するんだよ。
それは　あなただから＾＾
心配ないですよ＾＾
元気出して♪
絶対　絶対大丈夫☆
ひまわり

# 人生はテスト問題

いろんなことが目の前に山積みになっていると、何もする気が起きず、途方にくれることがあります。目の前にあるのが難問だと、まったく動けなくなります。

そんなときは、テストと同じで、できるところからやっていく。

テストのときだって、一番から順番にやらなくても、最後の問題からやってもいいじゃないですか。実は、そういうところに、「授業の感想を書きなさい」とか、ボーナス問題があったりします（笑）。

できるところからやると、弾《はず》みがつきます。テストで言えば、頭が冴《さ》えてくるし、調子が上がってきます。

マジメな人ほど、「順番にやっていかないと」と思って時間切れになってしまいます。





「幸せ」かどうかなんて、
人が決めることじゃない。
自分がどう想うかだけ。
♪人生の「あいうえお」
あ　明るく
い　生き生きと
う　嬉しそうに
え　笑顔で
お　おもしろく

毎日これを繰り返してるだけで
自分もみんなもハッピー♪
すべてに感謝☆
私が今、ここにいること。
この人生を生きてること。
出逢ったみんな。
心から感謝しています。
〜ありがとう〜
愛　あふれる毎日を (^-^)
☆のぶ☆

自分自身がしあわせに、ハッピーに感じることで、
まわりもどんどんしあわせに、ハッピーが伝わっていきますよ。

しまっち。

きみの笑顔は
わたしの原動力♪
あなたの笑顔もきっと『誰か』の原動力。
あなたは誰の原動力になりたい？
あなたは誰を
笑顔にしたい？

rainbow ☆彡 。;*゜・。



時間管理のやり方に二つのアプローチがあります。一つは難しいところから、とりかかること。もう一つはカンタンなところから、とりかかること。
どっちも正解です。自分にとって、どっちが向いているかどうかだけです。
隆太の場合は、カンタンなところから入る方が結局早くできます。できることからやる。もし、煮詰まっている状況になったときには、そうしてみるのもありかもしれません。
ぜひ、試してみてくださいね～♪

**☆山積みになったことをやるためのヒント**

手をつけられるところから、または一番手強いところから
どちらでも好きな方から始めよう。



都会に住んで、人前で活躍して多くの人に知られる大人にならないと幸せじゃないし、人生の意味がないって信じてた私。
でも、私の人生の中心は私って気付いた。有名になるのが私の幸せじゃない。遠くばかりみていても幸せは見付からない。
"幸せ" は手にしっかり握ってたんだって気付いた時初めて、感じられるモノ。

みちゃき

いつも幸せだなぁ、嬉しいなぁって言いながら過ごしている☆
すると、周りの人もみんな楽しい心を持って生きてる人と仲良しになる☆☆
幸せだなぁって言いながら生きよう♪

聖子

# 「ドロドロ」は「トロトロ」になる

人は、ドロドロしたことがあまり好きではなくて、避けようとしてしまうことがあります。

地道に、泥臭い努力を積み重ねるとか、ドロドロした部分を見ないようにして、楽なほうに進んでみたりとか。

人生についても、仕事についても、人間関係についても、そういう部分がありますよね。

でも、「ドロドロ」を通り越すと、「トロトロ」になります。

とってもまろやかになるんです。スープを煮込むときの感覚です。

トロトロのスープになるには、グツグツ煮込まないといけません。

料理のことを知らないと、具も何も入っていない高級料理のスープを見て、「何も具が入っていないじゃん」って思ってしまいます。





「しない後悔より、して後悔するほうがいい。」
つらいことは回避したいけど、
感情ゲージが大きく振れない平穏な日々は幸せなのだろうか。。
当たり前の普通な毎日が幸せなのを知ってるのは
何度も寄せる大きな波と闘った人。
「出会えたことの幸せ。」
それを知ることができて私は本当に幸せ。
もし、出会ってなかったら。。。。
そう考えるだけで恐ろしい。
もし、あなたに出会ってなかったら。
今の私は居ないから。

AQUAPLANET

幸せって。。何だろう？
幸せには。。形がない。。
感じるものだから。。
気づくものだから。。
在る事に。。気づけた時。。
幸せ～って。。思える。。
幸せは。。既に在る。。
在るものを。。
在るがままに。。感じることが。。
幸せなのかもしれない。。
トミミン



でも、何十時間も、何日も煮込んだ結果、いろいろなものを入れてドロドロだったのが、溶けてトロトロになっているんです。

一見、トロトロ、さらさらなんですが、そこに至るには、ものすごい量の素材と時間が隠されています。

人も同じです。

「この人、ぜんぜん苦労とかしたことないんじゃないの？」

一見、こう見える人も、ドロドロした時期を必ず通り越しています。

同じようにドロドロを通り越した人には、それがよくわかります。

いま、ドロドロして、自分が自分じゃないくらいになっている人もいるかもしれません。見たくないものを見たり、ドロドロを経験しているかもしれません。

それは煮込んでいる真っ最中なんです。

煮込むには、時間もかかります。

そんな人は、そのドロドロを煮込み尽くせば、さらっとした、トロトロ状態になって、とってもマイルドなのに、深みのある人になっていることでしょう。



辛い事があったって
嫌な事があったって
世界は広い!!
沢山の人が色々な思いを持って様々な人生を生きている。
そんな広い世界の
ちっぽけな自分
そんな自分の悩みなんて
糞くらえだ！
こんな小さい事でいつまでもくよくよしてらんない
大丈夫!!
今日が最悪だらけなら
ちょっとの良い事で
明日は最高だ!!!
今日晴れた
花元気に咲いた
笑顔が自然と出た
そんな事が幸せだ!!!!
頑張る学生こうさ

あなたが倒れた時、目の前が真っ暗になりました
生きていてくれさえすればそれで良いと思いました
私があなたの手になりましょう・・・
私があなたの足になりましょう・・・
でもあなたは諦めずリハビリをしました
そして今では歩けるようになりました
あなたはいつでも私のことを1番に考えてくれますね
私はどんなに幸せか・・・
私はあなたを幸せにしているでしょうか・・・
これから先もずっと寄り添って支えあって
歩いていきましょう
ありがとう　幸せです

you can

「ドロドロ」の「゛」が煮込んでいるうちになくなり、「トロ」ける人になっていくんです。
だから、いまのうちにドロドロしておきましょう（笑）。
その先に、とろけるような自分が待っていますから。

**☆とろける人になるためのヒント**
泥臭い、ドロドロしたことを恐れない。
いずれ、いい感じにとろけますから、熟成させましょう♪




「しあわせはいつもじぶんのこころがきめる」
相田みつおさんの言葉です。
幸せは誰かが持ってきてくれるものでもなく、
いつか自然にやってくるものでもない。
幸せかどうかは、自分の心が思ったり感じたりしている。
今とても不幸だと感じていれば、自分で何かをしなければ
そこから抜け出せない。
でも、自分の心が、幸せを感じるようにできるのも自分。
だったら、
一日のうちちょっとだけでも、
幸せな気分になれる時間を作ってみる。
自分が幸せな気持ちになれるものを、本気で探してみる。
少しでも心が喜ぶものを身の回りに多くする。

暗い状態なら、暗い状態だからこそ、意識して
幸せを感じる瞬間をすこしでも増やしていきたいものです。

はじめのいっぽ

今わたしは、２２年続けた高校の教師を辞め、有機農業の修行中です。

そんなわたしの幸せはやっぱり好きな人と一緒にいること。

そして気の合う仲間と一つのことをやり遂げること。

そして自分にしかできないことを人のためにしてあげること。

つねちゃん



# 人生は、豊かになるようにできている

どうして豊かな人と豊かでない人がいるんでしょう?

わからなくなったら、自然を見てください。

花、雲、太陽、木、海、山…… 何でもいいです。人も自然の一部です。


どうしたら幸せになれるんだろうか?

どうしたら豊かになれるんだろうか?

人はそう考えます。しかし、考えている時点で、ちがう方向に行っています。


自然は考えるでしょうか?

たとえば、雲だったら、

「俺、こんなところに浮かんでいていいんだろうか?」

木だったら、

「私、こんなところに突っ立っていいのかな?」

「私が立っている意味はあるのかな?」




幸せでした。

たくさんいろんなことがあったけど、いつも笑っていてくれたこと。それだけでとても気が楽になりました。

めんどくさそうにしながらも、側にいて話を聞いてくれたこと。

穏やかな時間を過ごしてくれたこと。

何よりも　こういうあたたかい気持ちをくれたこと。

たくさんのことから逃げてきたけど、大切にしたいと思わせてくれてありがとう。

それに気づかせてくれてありがとう。

私は、幸せです。

コウ

誰とも比べないで
ゆっくりでも
着実に一歩ずつ
それが幸せに繋がると信じてる
まゆんこ

自分で見つけた、やりたいことを、
こころゆくまで、やりつづけるには、
楽しい家族が、いて欲しい。
心もはずむ

こんなふうに考えないですよね？


人で言えば、子供が無邪気に遊んでいるとき、

「俺が無邪気に遊ぶことで、どんな効果があるんだろう？」

とか考えないですよね。子供は、無邪気に遊んでいる時点で豊かなんです。

ただ、お日さまの豊かさを受けたければ、
カーテンを開けるだけでいい。
曇った窓を拭けばいい。
無条件で、すぐ豊かになれるんです。「もともと豊か」だと知れば。
人間も豊かに生きるのが、自然なんです。ただ自然でいればいい。

楽しくしているのが自然。

ありのままにしているのが自然。

イキイキしているのが自然。

ラクなのが自然。




わたしの笑顔のまわりにはみんなの笑顔がある。それが１番の幸せ！！いつまでも笑っていたいね (*^_^*)
保育士 りこ。

「幸せは、気付き、築くもの」
わたしのことばじゃないんです。
私も彼も大好きな、アーティストさんから、
私たちにいただいた言葉。
彼が隣にいてくれること、
こんな私でも支えてくれる人がいること。
一緒に人生を歩んでいけること。
これが今の私の幸せです。
あさりこ

あなたがいてくれる
それが幸せ
たまご

これが本来の自分です。

そうでないのは、「そうではいけない」っていう、社会の常識を信じているだけです。

隆太も、自然でいられないときがよくありました。

そういうときは、「夢を見てはいけない。叶わないから」など、社会の常識に振り回されているときで、自分らしさを見失っている不自然な自分でした。

どんなときが自然で、どんなときが不自然なのか、ぜひ探求してみてくださいね。

**☆自然な生き方をするためのヒント**
数日間、自然の中に浸って、五感で感じよう。

自然ってどういうことなんだろう、想いを馳《は》せよう。



これからの人生想像すると、辛い事・大変な事もいーっぱいあるけど、
それを打ち消すくらい楽しくて・幸せ事もいーーっぱいあるって信じたい。
だから辛い事、落ち込むことがあっても、その後笑おう！！
後悔しない人生なんて無理だろうから、せめていっぱい笑った人生にしよう！！

「笑顔は幸せを運んできてくれる★」

mia

「幸福の羽 」
青い青い空の中から
雲のかけらが落ちてくる
神様が　天使たちが座っていた雲
それは　まるで　羽のようで
あなたは　宝物にするだろう
あなたが　帽子に　羽をつけて
風が　吹けば　しあわせが舞う
すれちがった人は　みーんなしあわせ
あなたが　世界中を　旅すれば
地球は　幸福で　いっぱい
宇宙一の　惑星（ほし）になるよ

smileflower

# 人生に「乗れ」

音楽に乗れ。

流れに乗れ。

チャンスに乗れ。

アイデアに乗れ。

幸運に乗れ。

直観に乗れ。

人に乗れ。

応援に乗れ。

波に乗れ。

スピードに乗れ。

タイミングに乗れ。

リズムに乗れ。

好意に乗れ。

誘いに乗れ。






『どれだけ楽しい思いをしてきたか。どれだけ人と愛し愛されたか。』

新聞のコラムにあった言葉。

人間みんな自分の人生の最期にある２つのことを確認するそうです。

楽しい思いをたくさんして、愛し愛されて生きるという私の人生の軸になっている言葉です。

今、とっても幸せ　周りもみんな幸せで死ぬまでハッピー♪

アロマテラピールーム　フルール　セラピスト　ラブリーあつみん

ねぇ、知っておいてね。
みんな、誰かの大切な人。
あの人も、その人も
誰かの大切な人。
みんな世界にたった１人。
もちろん。
あなたも、
誰かの大切な人。
誰かの大切な人。のはず。
しばいぬ



勢いに乗れ。
すぐに乗れ。
迷わず乗れ。
ためらわず乗れ。
素直に乗れ。
とにかく、乗れ。

ノリに乗れるから。

人生に乗れるから。

運命に乗れるから。

**☆人生に乗るためのヒント**
乗れるものは、何でも乗ろう。
人生ノリノリになるから。



シアワセ
ただそこにあること
すべてのものごとがただそこにあること
喜びでも悲しみでもなく
良くも悪くもなく
正しくも間違いでもなく
すべてのものごとがただそこにあるということ
幸せは不幸せの反対で
幸せは当たり前の反対で
幸せはうらやましいの反対で
幸せはすべての出来事にあるということ
今日一日が幸せなら今日は幸せ
過去の出来事を幸せに思えたら、今が幸せ
あしたの素敵な予感を考えながら、今日一日を幸せに終える
おじいちゃんがいってました
「人生を幸せにする最高の魔法は、
誰かを少し幸せな気分にしてあげる事」
りゅうま@千人会

きれいな景色や花、好きなものにふれた時。

家族と一緒にご飯、友達との会話。美容院でのひと時やカフェでのんびり。

幸せかんじます。

まわりの人の笑顔と優しさ‥そんなあたたかさを感じられた時も幸せ。

心が折れるような時、しんどい時も……あとあと考えたら、今の自分には必要なことだったかもしれないと思いました。

ありがたい事だと受けとめたら幸せを感じました‥

毎日幸せを見つけて感じていきたいですね。自然に笑顔になって、まわりにも幸せをわけてあげられそう☆

はなはな☆



# 雨の音は「神様の拍手」の音

雨が降ると、気分が落ち込んでしまうことがありますね。隆太も、以前は、気分がよくお天気に左右されていました。

そんなときは、この話を思い出してみてください。


雨が降って、傘をさしていると、雨音がパチパチいいますね。

この「パチパチ」は、雨があなたを祝福してくれている音なんです。

拍手の音と同じです。

雨音は「神様の拍手」なんです。


そもそも雨が降ると、何で気分が落ち込むんでしょう？　理由はないですよね。雨からはマイナスイオンがたくさん出ています。肌も潤うし、涙と同じで、浄化作用もバツグンです。

福祉の仕事をしていたとき、雨がだ～い好きっていうおばあちゃんがいまし



幸せは
「なる」ものじゃなくて「感じる」もの。
空が晴れて 幸せ。
ご飯が美味しくて 幸せ。
花が綺麗で 幸せ。
友達がいてくれて 幸せ。
生まれてくることができて　幸せ。

不満を言う前に、ゆったりと周りを見渡そう。
「幸せ」は、いっぱいあなたのそばにあるよ。
起こった事を良い事に変えるのも、
嫌な事ととらえるのも、全てはあなたの気持ち次第。
今、目の前のあなたが笑っていてくれる。
それだけで私は「幸せ」。

白羽 凛

娘とご飯食べて、
『美味しいねー』って笑う。
大好きって思ったとき
この手でギューって抱き締る。
泣いたとき、小さな手がいい子いい子してくれる。
そんなとき、幸せだなぁって思う。
なんだ、毎日幸せじゃん！
えりちゃん



た。その人は気管支炎で、湿気がないとセキが出てしまう人でした。だから恵みの雨なんです。でもその人、晴れは晴れで好きなんです。

どっちも、好き。そう思うと、イヤなものがどんどんなくなりますね。
プラスもマイナスもない。起きているのは、雨が降っていることだけ。
雨も好きなら、晴れの日も雨の日も楽しめますよ♪
人生の雨の日も、好きになったら、人生楽しくなりそうですね。

**☆雨の日が好きになるためのヒント**

「雨が降ると、どんないいことがあるんだろう」って、探してみよう。
「雨ってイヤだな」ってだれが言い出したのか、考えてみよう。



しあわせ☆　ってニコニコしてるともっと幸せがやってくる☆
目の前にある　すべてのことはあなた次第で
どんどんあなたの幸せの仲間入り。
あなたがそれに幸せを見つけることができたなら
どんな物事もたちまちステキなギフトに大変身☆
幸せは　なるものだけど　見つけるものでもあります☆
あなたが感じたり、見つけたりできたなら
晴れの日も、雨の日も、風の日も、雪の日も、
どんな日だって　幸せになれる☆
あなたの見方しだいで　あなたはどんどん幸せになれる☆
あなたが幸せを感じて生きてると
パートナーが、家族が、お友達が、会社の仲間が、日本が、世界が
また１つ　幸せになれます☆
ステキな言葉と　ステキな笑顔をまとい
たくさんのことに感謝できるトコロを　さがしてみてください☆
ハッ　と気付けば　あなたは　もう　とってもハッピー☆☆
あなたが幸せでいることが
まわりのみんなの幸せなんだから……☆
すべての出会いに　感謝☆
light worker / healer　elf

人生を生きていく中で、
つらいことや悲しいことってたくさんありますよね。
ケガや病気、家族のこと、失敗や失恋…
数え挙げればキリがないくらい。
私の人生はなんて不幸なんでしょう。
そう思うこともあると思います。
でも実はその思いこそがしあわせの種なんですよ(o>ω<o)
もし、あなたの人生に悲しいことがなにもなければ、
あなたは今のしあわせをありがたいとは思えないでしょう。
今こうして、
戦火に怯えることもなく
食べるものも、着るものも、住むところもあって
このメールを受け取れている
そのことは、実はものすごいしあわせなのです。
物事のどこをフォーカスするかで、
不幸かしあわせかが決ります。
あなたはどちらがいいですか？

愛と笑顔のしあわせ配達人　Kao

# 駆け引きの世界を卒業する

恋愛でも仕事でも、駆け引きをする人がいます。駆け引きをすると、疲れます。

相手の反応、様子をうかがって、それに合わせて対応を変えます。

「相手をコントロールする」のが、駆け引きです。自分が得するように、頭でそろばんをはじきます。自分か相手のどちらかが勝って、どちらかが負ける、勝ち負けの世界です。

その世界にいると、類友の法則で、相手も同じことを仕掛けてきます。その世界を卒業するまで、ずっと続きます。

そこから双方が勝つ世界に行けば、競争から、共創、協奏の世界にステージアップします。

こうなった瞬間、足の引っ張り合いの「引き算」から、お互いを活かす、「かけ算」の世界に行けるのです。





世の中には、「幸せになりたい」と想う人がたくさんいる。
しかし「幸せ」というのは、一言では表しきれないものだと僕は思う。
そして、「幸せ」は身近に存在するものである。ほんの些細な出来事であっても「幸せ」を感じられる。
また、人は皆「幸せ」から出来ている。この世に生まれたことがまさに「幸せ」なことなのだ。
僕の「幸せ」は、大事な人がいる事。その人のためならどんなことも乗り越えられる。
これから先も共に歩んでいきたい。そう想える存在に出会えたこと。
「幸せ」とは必ず存在し、どんな時でも感じることが出来、人を成長させるものであると僕は思う。
「幸せ」とは掴むものでもあるが、それと同時に感じるもの。そして人に与えるものなのである。

ひろきち

幸せになりたい～と思いながら
くるしかったりつらかったり、
なにひとつ思いどおりにならなくて。
あまりにしんどくて、
もう、今の人生幸せになるのあきらめて、
やりたいほーだい好きなように生きてみよう。
そう決めて、そのようにしはじめたらね、なんと！
う～ん、しあわせ～☆
「こうなれたら幸せ」像を追っていない？
幸せって、そこではなくて自分らしく生きる中で
たくさん感じられるみたいだよ。
「ｽｰﾊﾟｰﾓﾁﾍﾞｲﾄﾌｨｯﾄﾈｽﾄﾚｰﾅｰ」カナコ マツモト☆



隆太は、いままでいろんな人たちと、コラボでセミナーをしてきました。その話は、二つ返事ですぐにまとまります。かけ算の世界は、トントン拍子で話が展開していきますし、余計なことに気をとられないで済むので、とってもラクです。

これが駆け引きをしていると、条件をつけてしまいます。自分が得するように、と。


自分が駆け引きされたくなければ、駆け引きの世界を卒業して、

「自分が純粋な愛そのものなら、どうするか？」

という視点で、接しましょう。


恋愛なら、小悪魔レベルは卒業しましょう。

ちょっとしたテクニックに引っかかるオトコは、大したオトコではありません。そして向こうも同じように、いろいろ計算しています。類友の法則です。

ほんとにステキな人は、小悪魔のことはカンタンに見抜いてしまいます。

愛は、相手も含めて結びつき、一つになるエネルギー。



大事な事は捉え方…
幸せも不幸も自分次第…
自分が変われば　周りも変わるものだ
宿命は変える事は出来ないけど、
運命はいくらでも変える事が出来るよ。
一度きりの人生負けても良い。
一生懸命に生きてみようよ★大事な事は捉え方……
幸せも不幸も自分次第……
自分が変われば　周りも変わるものだ
宿命は変える事は出来ないけど、
運命はいくらでも変える事が出来るよ。
一度きりの人生負けても良い。
一生懸命に生きてみようよ★
龍道　桃華

トランペットが自分を見つけさせてくれた。
自分を好きになるきっかけをくれた。
カラダいっぱい使って、自分の感情が、音に乗って、溢れていく。
辛いこともあったし、悔しいこともあった。
心に響く経験も恋に悩んだことも愛されて愛したことも、
すべての経験が今の自分の音楽になってる。
音楽で自分を表現できるなんてこんな幸せあるって
小さい時は想像もできなかった。

幸せのかたちは人それぞれ。
今、いつも大好きな人が支えてくれて、
いつも音楽が近くにある。
この世界の中で出会えた人たちにありがとう。
この幸せに感謝しています。
日々の時の流れをもっと感じて
きらきら輝く小さな幸せたくさん見つけていきたいな。。。

ｔｐ講師　きらり★まいこ



駆け引きは、別々のものとして、お互いからエネルギーを奪い合う。
あなたは、どちらの世界の住人になりますか？
どちらの世界にも自由に行けます。
選択は、あなたにお任せしますね♪

**☆駆け引きの世界から卒業するためのヒント**

周りを見て、自分はいまどういう世界にいるのかを観察してみよう。
こんな世界に行ってみたいなあ、と思うような、
「素敵な世界の住人なら、どうするか」を考えてみよう。



2008年
ワタシは急性白血病を患いました。
もうダメかも・・・
何度も そう思いました。
でも今、ワタシは生きています。
生きているコト
家族と一緒に過ごせるコト
それが今のワタシの幸せ。
“当たり前のことを 当たり前にできるというコト”が
こんなに幸せなんだ ということ……
自分はいろんなヒトに愛され、
支えられ生きているんだと
34年 生きてきて、
病気になって ようやく気がつきました。
感謝と幸せでいっぱいです。
『幸せ』は案外、
自分の“すぐそこ”にあるんですね。。

hinasora* ママ

生き物だから、
その欲求には終わりがない。
そう、相手に何かを求め続ける限り、
欲求を満たされない苦しみがつきまとう。
だから、人に何かを求めるのはやめよう。
この世界で出会えた貴重な人が、
私という人間を認めてくれて、
私に笑顔を向けてくれている。
ただ、それだけでいい。
何もしてくれなくていい。
愛する家族や友人、恋人がそばにいてくれる。
それだけでいい。
求めない。
今をよく見て。
それができた時、本当の幸せの意味がわかるよ。

nao



# ビギナーズラックは、なぜ起きるのか？

ビギナーズラックってご存知ですか？

たとえば、競馬とか麻雀とかで、初めてやる、何も知らない超初心者の人が、普通では考えられない運を引き寄せることです。麻雀ならば、どう考えても確率的にはすごく低い当たりの牌を引いたりします。

なぜ、そんなことが起きるのか？
それは、「常識」がなかったからです。
普通ではあり得ないことは、普通ではあり得ないって、「勝手に思いこんでいるだけ」です。何でも上達したり、いろんな知識、情報があると、「常識」が身についていきます。

社会人は休みがとれないのは当たり前。
セミナー講師をやるには、十年くらいの下積みが必要だ。



病室からの便り☆
お見舞いにきてくれた方に「 おかげさまで幸せです。ありがとう♪ 」と伝えると、
とても幸せそうな表情をしてくれるんです。
そして二人ともニコッと笑顔になるんです。温かい幸せな空間ができるんです。
幸せと言うと、私達を本当に幸せな気持ちにしてくれるんですね。
私たちを幸せに笑顔にさせてくれる「 幸せ 」という言葉に出会えて私は幸せです。

幸せ配達人見習い村山央

求めない。
たとえば、
最初は恋人のそばにいられるだけで、
充分幸せだと思える。
だけど、
次第にその気持ちを忘れてしまう。
どうしてメールの返事をくれないの？
どうして会いに来てくれないの？
もっと好きって言ってほしいな……
どんどん、どんどん欲求がでてくる。
欲求が満たされた時はいい。
この上ない幸せを感じられる。
だけど、
自分の欲求が満たされないと、
いつしかそれは”苦しみ”に変わる。
人間は常に上へ上へと欲求してしまう

確率的にすごく低いからやるのは難しい。

まだやった人がいないからできない。


こんな、常識という名の「思い込み」がつくられていきます。

初心者はそれがないので、上達すると恐くてできないことを、恐いとも思わずにしてしまいます。これは「普通ならやらないよ」「恐いよ」という常識にとらわれていないんです。


セミナー講師も、隆太を含め、周りの仲間はみんなできました。

確率論でいくと、やっている人が世間一般的にはごく少数なので、普通は「できない」と判断します。

それが、なぜできたか。

「できると思ったからできた」だけなんです。

いい意味で、ビギナーズラックのようなものです。

頭でいろんな不安要素の可能性を考え出すと、その可能性を実現するようなデータ、情報、知識を引き寄せるので、幸運は起きなくなることがあります。




周りから幸せそうに見えても
本人が幸せだと思っていなければ幸せじゃない。
でも、周りから幸せに見えなくても
本人が幸せだと思っていれば幸せ。
幸せな事があったらモチロン幸せ☆
でもでも、
どんな事があっても「幸せだ!!」と思い続ければずっと幸せ☆
幸せって……「幸せだ!!」って思う事だと思う!!

にっち

いつも幸せになりたいと思っていた。
何が幸せで、
何が幸せじゃないかも分からずに……
でも、気付いたよ。
幸せって、本当はすぐ近くに
いつもあるんだなって。

仁が笑う。
圭が笑う。
あなた達がいる。
ただそれだけで
ママは幸せ゜+｡(*´ ∇ ` )｡+
ありがとう

なっちゃん



そうしたことが必要なときもありますが、不必要なときもあります。ケースバイケースです。

不必要なときは、かえって「迷い」になるだけ。
そして、できなくて、「やっぱりできなかった」って、納得するだけです。

難しく考えないで、シンプルにする。
それが幸運を引き寄せる秘訣ですね♪



**☆ビギナーズラックを引き寄せるヒント**
確率的、常識的に考えるのをたまにはやめよう。
予想外のことはたくさんあります♪

とにかく笑う事が大好きな、折り返し地点に近づいているwomanです。
この２年程の間に悲しい事、楽しい事両方を目まぐるしく体験していましたが、
今は後者の楽しい方が断然勝っていて、とにかく今の自分は幸せ感でいっぱい！
笑うことにより、幸せが舞い込んでくる…という事を改め感じてます。
みなさん！笑うことから幸せを是非沢山掴んでください♪

ひろこ

詩人ゆえに！
この広大な世界で最高のパートナーと
出会えた私たちは
最高の幸せを知る
幸福なヒトたちかもしれない…
ほんの少しの…
だとすれば
君たちとともに歩く道は
どんな銀河よりも
輝いているのでしょう
夕日に向かいいのりましょう
私たちと
ともに君たちの幸せ
永遠であれ…

本田ちゃぼ

# 呼吸の法則

「ほしいものが手には入らない」っていう人がいます。
そのときは、「呼吸」を思い出しましょう。
たくさん空気を吸いたいときには、まず、思いっきり息を吐かなければいけません。

完全に出し切るからこそ、たくさん吸えます。
呼吸という字は、「吸う」があとです。
呼ぶは、空気を出すことです。

聖書にもあるように、「先に与える」というのは、大原則です。出している分だけ返ってきます。思いもよらない形で返ってきたりもしますが、出したら入るというのは自然の法則です。真空パックのように、空っぽになればなるほど、すごい勢いで。




幸せ……
この世に産まれてきた事
幸せ……
この世に産まれてきたから、今、多くの人に出会え、
支えられて今の自分がここに存在している事
幸せ……
このプロジェクトに参加出来る一人になれた事
幸せは、与えられるだけではなく、"今"を感じて生きている事！

ひろこ

大丈夫。

今がどんなに暗いところにいても、本当にいつか抜け出せるから。

抜けよう！と思った瞬間、光が射す出口に半分近づくから。

今がどんなに辛くても、その意味は後でわかるから。

全部がこれからの幸せにつながってるから。

自分の力をもう１度信じて。自分に正直になってみて。

幸せはいつも自分の心が決める。

歩いた分だけ、世界が広がるから。

motoko





「何かくれたらお返しするよ」っていうのは、暖炉に向かって、「私をあっためてくれたら、薪をくべてあげるよ」って言ってるようなもんです(笑)。


でも、そういう人もいるし、隆太もずっとそうでした。

「take & give」ではなくて、「give & give & give & given」です。


あとは、出した分だけ自分のところに戻ってきますので、自分のところに来ているものは、しっかりと受け取りましょう。呼吸も、吐いてばかり、吸ってばかりだと、おかしなことになっちゃいますよね？(笑) 両方とも大事です。

でも、人生においては、どちらか片方しかしていない人が多いようです。吸いっぱなし、または吐きっぱなしのどちらか。

両方ともバランス良く、やっていきましょう♪

**☆ほしいものが入ってくるためのヒント**
まずは、自分から出すということを、意識しておこう。

そうすれば、自然に入ってきますから、入ってきたら受け取ろう。

幸せを感じるとき
それは美味しそうなケーキを目の前にした時から始まる。
幸せを感じるとき
それは道端に一本だけちょこんと咲いてる花に気付いた時から始まる。
このうえない幸せを感じるとき
それはいつも　大切な人を笑顔にさせることが出来た時
そして、嬉しそうに「ありがとう。」と言われた時から始まる。
セラピスト　Tamao

貴方には、幸せになる権利があります。
貴方はもう、幸せになっていいんですよ。
どんな幸せだっていい。誰かに笑われたっていい。
貴方が幸せなら、幸せなんです。
貴方がオンリーワンなら、幸せだってオンリーワン。
どんな小さなことでも「幸せだ」って思えたら、
どうか大切にしてやってください。
貴方だけの宝物。

化け猫にゃんた

# 人は金太郎飴

人は、いろんな側面があります。状況によって、反応、態度、対応は変わるかもしれません。でも人の本質、行動パターンは、基本的に変わりません。

「一時が万事」という諺《ことわざ》があるように、すべてのことを見る必要はありません。

たとえば、いない人に感謝してほめている人がいたなら、その人は、別のところでもそうしているでしょう。

もし、悪口をいま言っていたなら、その人は、ほかの場面でも同じように言っているでしょう。

たくさん話さなくても、雰囲気、表情、少しの言葉、視線、服装、人間関係、やっていること、あらゆる面でわかります。

豊かな感性がある人には、特にお見通しです。

金太郎飴と同じです。

どこを切っても、同じ金太郎が出てきます。




【幸せ】って、誰が決めるの？
100人中99人が「それは不幸だ」って言っても、
自分にとっては、
これ以上ないくらい幸せだってこともある。
そう、自分の幸せを決めるのは、自分自身。
周りに反対されたって良いじゃない。
自分の信じる【幸せ】に向かって、頑張ればいいんだよ。

めぐみ

こんな私を大切に思ってくれる人がいる。
私は幸せ二人の天使に恵まれて頼りない私を必要としてくれる。
生きるのをやめようとした時貴方はそばにいてくれた。
生きてるだけでいいから…と。
私は産まれた意味をさがし生きる理由をさがし
今日もあなた達の笑顔のため私は歩く…。
心から感謝しています。ありがとう

真涼愛



ステキな人は、いつもステキです。
愛ある人は、いつも愛があります。
揺れることがある人は、いつも揺れることがあります。

せっかくなら、愛と感謝の金太郎飴でいたいですね♪
あなたは、どんな金太郎飴でいたいですか？

**☆ステキな金太郎飴でいるためのヒント**
「こんな人でいたいな」っていう金太郎飴のモデルを見つけよう。
どんな状況でも、「その人ならどうするかな？」と意識してみよう。



幸せは日常に溢れかえってる。
けど、意識していないと本当に些細な事だから見えなくなってしまう。
心にぐっと感じる充たされる感覚。
空がキレイだったり、風がほっぺたを優しくなでてくれたり、皆と騒いだり。。。
自分が自分らしくいるために大切な事。
ココロにたくさんの幸せを与え続けましょう。

りょん

私は１度信じる事をやめました。
でも彼と話し合いを重ねて、また少しずつだけど信じてみる事にしました。
相手を疑ったらキリがない…
でも信じてたらきっと報われる時もある。
最初の頃みたいに信用出来るか分からないけど…。
１回しかない人生だから笑って楽しく過ごしたい。
そして何が幸せなのかは自分にしか分からないから、
今幸せだと思う事を大切にしていきたい。

花子

# 身銭を切るより、はるかに学べる方法とは？

人に話したり、ブログに書いたりすることで、アウトプットしたり、身銭を切ったり、人に教えると学べるといいます。

そうすると単に、インプットするだけよりも覚えますよね。

でも、それよりはるかに早く学べる方法があります。


それは、「身銭をもらう」ことです。


人からお金をいただくということです。

学びたいことを仕事にしてしまう。

仕事なら、みな真剣になります。

短期間で、集中します。


隆太は、以前テニスコーチを始めて三ヶ月で、その前の三年間で学んだのと同じくらい上達しました。身につき方がまるでちがいます。






ありがとう。

今日も私は幸せです。

あなたに愛すること教えてもらいました。

ささなことでもこんなに嬉しいと知りました。

あなたと私がいるだけでこんなに幸せなんだと感じました。

愛し愛されることで生きる実感を得ることができました。

あなたにはたくさんの愛をもらいました。

そしてあなたに出逢えたことが一番の幸せです。

ema

幸せになりたいって思ってたけど、「幸せは気付くもんだ!!」と、気付きました!!
ようするに生まれた時から幸せなんだとね。

か - ず



また、セミナーを自分でやることで、それに必要な知識、能力を急速に引き寄せました。

仕事と言っても、ほんとにアルバイトとかボランティア的なものでも、学べる量と質は、やるかやらないかでは大ちがいです。

行動を、自分の満足のためだけではなく、社会に貢献したり、人に喜ばれるためにやることで、結果的に自分のためになってきます。

以前の隆太がそうでしたが、学ぶのが趣味になっては、生産性がないですよね。

仕事にすると、知識が、体に染み込んで智恵になりますよ～。

**☆早く学びを深めるためのヒント**

覚えたいことを使う「仕事」をしよう。

ボランティアでも、アルバイトでもオッケーです♪



最近ふと思う。
住む家、食べる物、着る服、全部ある。
自分ってかなり幸せだ。
だからみんなにおすそ分けしてみた。
まずは自分のできることから。
なんだか心が軽い。
おすそ分けしたのに幸せがまた増えたみたいだ。

目指すは幸せメッセンジャー 前

幸せ探しの旅に出かけた。
幸せのありかをあちこち探した。
なかなか見つからなかった。
あるとき、ふと気づいた。
自分が幸せだと感じた場所こそが幸せだと。
幸せのありかは、すでに自分の中にある。
幸せの種は、すでに自分の中にある。

幸せお届け人

『幸せ』という字！
この広い地球の地面の上に２本足で立っている僕ら表してるんだよ！
土の上でしっかり立っている僕らは、いつだって幸せを感じれる☆
地球の裏側に居たって、僕は君のを幸せを願うことができる！
さぁ一前を向いて踏み出すんだ！　幸せの待つミライへ！

あきぴー♪

# 人生を勝手にジャッジしない

よく、人生をジャッジしまう人がいます。隆太も、そうしていた一人です。

ただ出来事が起きているだけ、事実があるだけなのに、これはいい、これは悪いと勝手にジャッジしてしまう。


これを、テニスの試合で言うと、自分がミスをしたときに、

「何でこんなところでミスをするんだ！　このバカ！」

「このヘタクソ！」

って、自分を裁いてしまうクセです。


それは、ひどくなるとだんだんエスカレートしていって、

「俺はサーブの才能がない」

「俺は最悪だ。テニスなんかやめてやる」

「俺は生きていても価値がない」






幸せ。

それは今ある幸せに気づくこと。

幸せ。

それは感じること。

身の周りにあふれている愛に気づいて感じること。

ただ、それだけ。

みんな幸せ♪

ディマティーニ・メソッド ファシリテーター
ハートフルカウンセラー　合田ひろ美

人の幸せを喜べるときが、自分が幸せなときです。

人間はまわりの人に自分と同じ感情やテンションであってほしいものですから。

HOME



っていうように、たかだか何回かミスをしただけで、テニスをやっていることや、ひいては自分の存在価値までも否定してしまいます。

でも、ここで起きていたのは、

「打ったボールが相手のコートに入らなかった」

という「事実」だけです。


そこで、良かったとか悪かったとかっていう評価をしているのは、「自分自身」です。別に、だれもそんなことは自分のほかに言っていないんです。

「お前はミスしたから、生きている価値がない」

なんて言われたり、しませんよね？

でも逆に、うまくいったときに
「俺は天才だ!!」
って、喜びすぎても今度はうまくいったことに対して、自信過剰になって天狗になったり、浮かれたり、またうまくいきません。
そして、うまくいっていると自分を肯定できるのですが、少しでもうまくい



幸せってなんだろう…って考えてください。
考えると、幸せが　たくさん見つかるはず。
それが、小さな幸せでも、大きな幸せでも、
幸せは、幸せ。
自分なりの幸せを感じる事こそ、
幸せかな。
mari

あなたが私のお腹に宿ってくれたから……
私たち夫婦は今まで以上に仲良くなれてます!!
あなたの誕生を待つ毎日が幸せです(^O^)
あなたに早く会いたいので早く産まれてきてね(^O^)
タロハニ

人は
誰もがみんな
人を幸せにする力をもっている。
おじいちゃんも、おばあちゃんも。
お父さんも、お母さんも。
障害を持っている人も、路上で生活している人も。
あなたも、わたしも。

おはぎ

人と比べることがなければ
あなたが一番だと思っていれば
幸せです☆
誰かと比べるよりも
あなた自身で感じてみて
あなたの幸せはあなたのなかにあるよ

しん

かなくなると、

「あれっ、あんなにうまくいったのに……天才のはずなのに……どうしたんだ、何でできないんだ？」

って、今度は一気に落ち込んでいきます。


人生でも、うまくいった、うまくいかないっていうように、そのときそのときで判断しているのは自分自身です。ただ、そういう事実があるというだけで、

「その事実を見て、じゃあ自分はどうしようか？」

というだけです。いいも悪いもなく。

そうすると、必要以上に落ち込んでしまったり、浮かれすぎたり、ということがなくなります（イチロー選手を見てください）。テニスと同じで、人生にも「安定感」が出てきます。


事あるごとに、「これは良かったのか？　それとも悪かったのか？」っていつもジャッジしていたら、いつまでたっても落ち着かないですよね？

ただ、事実を事実としてありのままに見られると、人生がとってもラクになりますよ～♪




世の中 人の本質はわからない。
端から見て 目に見える幸せは、人にはわからない
目に見えない苦労の裏にあり、それを見せまいと歯を食いしばって……
そんな人に神様や天使達が力を与えるのだろう。
人は皆 公平だから。今がどん底と思っていても、
その分 這い上がる事が出来るはず!!

えみりん☆

今、人生がほんとうに辛いと感じている方へ！その「辛」をハグしてあげてください。

「辛」という字に腕をまわして抱きしめる（横線を一本増やす）と、「幸」という字になります。

「辛抱」とは、自分の人生の「辛い」を涙流して抱きしめて、まるごと愛してあげること。

人生がほんとうに辛くてどうしようもないトンネルの時代にある方へ！

必ずトンネルを抜けて、「辛」が「幸」になるときがきます！

私もそうでした。

幸せ倍増計画　靏谷 昌也



自分が、気づかないうちに自分自身を裁いてしまっていないか、確認してみてくださいね。



☆**人生をジャッジしないためのヒント**

事実と、自分の気持ちを混同しないようにしよう。
十時の予定に十分遅れたなら、「やばい!!」って思うのではなく、
「いま、十時十分に○○にいる」っていう事実を見て、
そこでどうするかを考えよう。

ある病院での出来事。

進行性の病気にかかり、寝たきりになっている１４歳の子がいた。

そこにいた同じ病気にかかっているもう一人の子がこんな質問をした。

「生きるって何？」

「全力で生きることだ！」

その１４歳の子は、この力強い言葉を残し、２日後にこの世を去った。

「全力で生きること」

この言葉の先にきっと幸せはあるのだろう。

幸せの天才　しあてんマン

何かの被害者で生きるのはもうやめました。あなたはどうですか？
自分を愛で満たす幸せを生きる道を選択します☆
大丈夫、自分を愛でいっぱいに満たしてあげよう～
愛は尽きることなくこんこんと湧いて溢れているのだから。

あろは☆りえ

# 人生の勝負パンツをはこう

いきなりですが、あなたは、勝負パンツを持っていますか？　そして、はくことはありますか？

勝負パンツは、実際に見せるときも来るけど、見せないで終わることが多いです。だからといって、はかないと、そういうときに限って、勝負すべき決戦の時はやってきます（笑）。

見せる見せないは、どっちでもいいんです。私は、いま勝負パンツをはいて本気モードになってるっていう「意識」が大切です。

黒澤明監督の映画には、何とも言えない深みがあります。
たとえば、映画のあるシーンにタンスが出てきます。
そのタンスは、引き出しを開ける場面はない、ただの背景です。
でも、そのタンスには、下着、洋服、靴下などをびっしりと入れてあるんです。
普段の生活と、まったく変わりないように。





“幸せ”になりたい！…みんなそう思って生きていると思う！
私にとって“幸せ”とは…笑えること、楽しいこと、美味しいものが食べられることかな？！
みんなで笑いながら、美味しいものを食べて、楽しい時間を過ごせたら“最高の幸せ”！
だから、みんなで集まって、美味しいものを作って、楽しい歌を歌って、
もっともっと楽しい輪が広がっていったら…“み～んな幸せ”
目指せみんなで“世界平和”！

さくら企画の“やまっくす”

壁を１人で乗り越えようとしてない？
あと１人いれば肩車ができるし、
あと２人いればピラミッドができるよ
みんなで登るのもいい、
抜け道を探すのもいい、
壁の端っこまで歩くのもいい
まず『壁を１人で乗り越える』という概念を手放そうよ
仲のいい友達、同じような壁の前で困ってる人
よ〜く探して
素直に勇気出して言ってごらん
『協力してくれない？』
『一緒に乗り越えない？』って
その勇気と素直さが君の、
みんなの幸せにつながるよ
幸せは自由♪
なんでもありですよ♪

ツイてリスト☆ナオキ（稲垣尚毅）



スタッフや監督は、そのことを知っています。
目には見えませんが、それがあるから、重み、本気が出てきます。目に見えない部分も、力をまったく抜いていません。

あなたは、人生の「勝負パンツ」をはいていますか？
人生は、いまこの一瞬が勝負どきです。

**☆人生の勝負パンツをはくためのヒント**

「いつでも勝負できるよ」っていう意識で、日々を過ごそう。
（実際のパンツは普通のものでいいですよ♪）



生きている意味とかどうでもいい。
あなたに出会えた真実。
それだけで体中が歓びで満たされる。
愛と感謝の心でいっぱいになる。
ほんとうにほんとうにしあわせ。
生まれてきた神秘さと
ココにいるありがたさ。
「わたし」がしらない魂の奇跡な軌跡。
いまココにいる。
奇跡的な巡りあわせ。
ただただ楽しめばいい。
それだけでしあわせ。
いまを生きてくれて、ありがとう。
出会ってくれて、ありがとう。
わたしは。。。
ずっとあなたを愛しています。
今までも……これからも……。

ライトワーカー　Karen

今のうちがおるんは、
君がおってくれるからなんよ。
昔の恋愛をふっきることが出来たんも思い出に出来たんも
君のおかげ。
いつも迷惑かけてばっかりわがままばっかり。
こんなうちじゃけど、愛されて幸せぢゃなあ思う！！
これからもうちららしく仲良くおれたらいいなあ♪
うちは幸せだよ！！！！！

ゆみきち

幸せの形は人それぞれ形がある。
どんなできごとも出逢いも、自分が必要だから待っているんだね。
前に進めないときも大丈夫。
神様から与えられた試練だと思うと
必ず乗り越えられる道があるはずだよ。
私も、小学生のころいじめにあったことがあるんだ。
でも、自分の心の持ち方が見方が変われば乗り越えられるんだ。
人生は一度だけだからいつだって前を向いて楽しみたいですね。
どんなできごとも出逢いも、与えられた試練なのだから。

うえたよしこ

# みんな一人ひとりが魔法使い

あなたは、魔法使いです。どんな魔法でも使えます。

魔法は、現実世界では関係のないものでしょうか？

たとえば、

「ありがとう」って言っただけで元気になったり、

「大丈夫だよ」って言っただけで安心したり、

「好きです」って言っただけで自分が肯定されたり、

「ゆるします」って言っただけで心が軽くなったり。


たった一言の言葉を発しただけで変わっていく。これは魔法です。

ただ、魔法が使えるということを、自分で気づいていないだけで、みんな実は使っています。あなたの存在、やっていることもそうです。

自分や人を変える。世界を変える。すべて、魔法使いの仕業です。

戦いの絶えない世界に変えることもできます。






心の洞察に始まり、心の仕組みを学び、７年半の年月を経て辿り着いたのは
幸せとは自分の価値を高めること。

周りと比べるのではなく、自分自身が得意とすることや可能性を伸ばしていけばいい。

それが、自信につながるから。

そして、この広い地球に生かされていることに感謝し、誰かのおかげで今の自分がいることに感謝し、一期一会。

おもてなしの心で関わっていこう。

幸せをあなたに。

ブランドセラピスト　梶田美津子

息をするのもまばたきするのも、もう億劫で。
何もかも自分のすべて消し去りたくて
だれも愛せなくて誰からも愛されてなどいない、
誰にもわかってもらえない……。

そんなこともあったなぁ。

つらいことも苦しいことも悲しいことも
いろいろあったことが、私の強みで幸いです。
たくさんいろいろあったから今がある。
どんな私もいいんだよ　どんなあなたもいいんだよ
そのままで　そのままで
そう思えたら　ほら　心の底の底から
じわじわと　幸せがあふれてくるよ
ただ朝めざめる　　それだけで　幸せだよ

サラ。いずみ。。



人がだまし、傷つけあう世界に変えることもできます。
喜びと感謝に満ち溢れる世界に変えることもできます。
愛や夢に満ち溢れる世界に変えることもできます。

あなたなら、どんな魔法を使いますか？

あなたも、思い出してください。たくさんの魔法が使えることを。
ほら、あなたのことをたくさん待っている人がいますよ♪

**世界中の魔法使いの人たちへ。**
**ここに魔法の書を記す。**

隆太



自分が幸せに生きる事、めちゃくちゃ大切★
でもそれじゃ物足りない。わがままだけど、言わせてください。
自分が幸せに生きる、それだけじゃ嫌なんだ。
僕だけ幸せになっても、つまらない。
今生きている、呼吸して生活しているみんなが幸せになる事が
僕の一番の幸せ★

「カラーメッセンジャー」かっつん★

幸せは自分の心が決める
コップ半分の水も
最悪！あと半分しかない！と思う人もいれば
有難い！まだ半分もある！と思う人もいる
そこには、
水はコップに半分入っているという事実だけがある
その事実をどう捉えるかは、あなた次第

凜太郎

# 第二章　隆太の人生が教えてくれたもの

生まれてきたこと、生きてこられたこと、
愛されなかったこと、愛されたこと、全てが幸せ。
死なずにもがいて、ここまでこれたこと、それが幸せ。
何度も手放そうと思った、この人生。
だけど、それに執着して今までこれたこと全てが幸せ。
幸せとは、宇宙と一体化し、全てを身を任せ、
流れるがままに、今を楽しむことだと思う。
楽しむとは、生きること、苦しむこと、
泣くこと、笑うこと、
憎むこと、憎まれること、
愛すこと、愛されること、、、、全てだと思う。
そう思えたとき、愛に包まれ、幸せだと思った。

ヒーラー＆チャネラー♪　Spirit　Gardener　LISA

## 一　テニスコーチから学んだもの

「まっちゃん、本当にやる気あるんか？　ちょっとそこ座れや。イスやない。床や。正座しいや。お前、テニスコーチをなめとんか？」

隆太は、テニスコーチの休憩室で座っていました。床に正座をして。テニスコーチ時代、こういうことがよくありました。

大学のころから、「好きなことをやっていきたい」と思っていました。そこで、やろうと思ったのが、テニスコーチでした。テニスはサークルやスクールではやっていましたが、うまかったわけではなく、ただ興味があったんです。あとはた目に見ていて、モテそうだし、実際カッコよかったので（笑）。あまり長い目で見た将来のことは考えていませんでした。

その反面、「自分にはテニスコーチなんかできない……」っていう強いブレー




今、君は幸せかな？
それとも不幸に思ってるかな？
もし、それが後者だとしたら
それは大きな間違いだよ。
不幸だと思い込んでいるんだ。
それはね……
神様が与えてくれた
幸せの通り道なんだよ。
その向こうには、
必ず幸せが手を広げて待ってるよ。
絶対に来るから
幸せは。
それまで、気楽にね＾＾

カルソニック

今
あなたが
ここにいる
ここに在る
それがしあわせ

イラストレーター　鈴木麻子

「幸せだ」
「幸せだ」
っていつも言って
道を歩いた人の後ろに
『幸せの道』はできています。
不平不満や愚痴や泣き言を言いながら
道を歩いた人の後ろには
「不幸の道」ができてます。
遠くに幸せを求めるんじゃなく
今の自分の幸せに気づいて
今を楽しく生きてください。
だから幸せになる方法は
「幸せ」って言葉に出して言うだけなんです。
ｂｙ 齋藤　一人

『本当の幸せは、未来にではなく今、目の前にある。』
c(*゜ー^)ノ*･'゜☆。.:*:･'☆'・:*:.｡.:*:･'゜:*:･'゜☆ｷﾗｷﾗ
エンジェル・カズキ（堀田一輝）



キがありました。自分はテニスコーチをやるのには、実力がまだまだ足りなさ過ぎる、もっともっと練習してうまくなってからでないと、と思って二年生のころから、やりたいやりたいと思いながらも、躊躇していました。スクール生だった自分には、コーチは雲の上の神様のような存在だったんです。


でも、思い切って、テニススクールのコーチに、

「実は、テニスコーチになりたいんです。バイトをやりたいんですけど……できますか……?」

って、恐る恐る言ったら、

「お前、バカじゃないの？　お前みたいなヘタッピにできるわけないだろ？」

なんて言われるかと思っていたら、

「いいよ。いいスクールを紹介するから、そこでやってみな」

って拍子抜けするくらい、あっさりデビューできました。

二年間崩せなかった大いなる壁は、壁に見えていただけで、思い切って近くに行ったら、開ければ入れるただの扉だったということがわかった瞬間でした。



人間って、
生まれながらにして２つの権利を持っていると思うんだ……。
１つは、生きること！
２つ目は、一人一人が幸せであること！
この２つが人間として生まれてきた２つの権利だと思う。
だからアキラは、”人生を最幸に”生きたいんだ！
一人一人が幸せな生き方だったら、最高にして最幸だよね〜。
アキラ

仕事を終えて家に帰る
おいしいご飯を食べて、あったかいお風呂に入る
そして、寝る前に愛する人と今日あった話をする
楽しい話、ワクワクした話、うれしかった話
自然と二人に笑顔が生まれる
二人とも笑顔で「幸せだね」と言葉が出る
笑顔で幸せに包まれながら寝るこの幸せ
幸せは自分で作れるもの
ドリームリーダー　マサ

『幸せの道』というお話
幸せの道はどこにあるんですか？
幸せの道は前を見て探してもどこにもありません。
草原と同じです。
野球選手になりたい人、
職人さんになりたい人、
お医者さんになりたい人、
サラリーマンになりたい人、
商人になりたい人、
役人になりたい人、
お嫁さんになりたい人、
いろんな人がいます。
みんな自分の好きな道を歩きます。
その好きな道を
「ごはんが食べれて幸せ」
「元気で働けて幸せ」
「みんなと出会えて幸せ」
「あなたと出会えて幸せ」

一つステージが上がった感じでした。

テニスからは、たくさんのものを学びました。

特に、スクールでナンバーワン・コーチだったMさんから学んだものは、はかり知れません。

当時三十四歳のMさんは、高学歴でエリートコースにも行けたし、家が土建屋でそこを継げと言われたにもかかわらず断り、大阪から勘当同然で都心に出てきて、テニスコーチとなった人でした。

眼光が鋭く、ものすごい厳しい人で、私も冒頭のように、何度も床に正座させられて説教もされました。でも、言っていることは理にかなっていて、反論の余地もありませんでした。チーフコーチも平気でやりこめてしまう人でした。一緒に入ったレッスンでは、「『終わったあとに毎回反省点をお願いします』と必ず俺に聞け」という指示でした。聞かないわけにもいかないし、聞けば聞いたで、

「全然だめや、なっとらん。あの時、何で球出ししないんや！　おかしいやろ！　お前そんなんでコーチで食ってくなんて十年早いわ」





「一番大切なこと」
一番怖いのは
お金がないことよりも、
時間がないことよりも、
歳をとってしまったことよりも、
心のエネルギーがなくなってしまうこと。
やるぞー!!
よっしゃー!!
楽しむぞー!!
そういう気持ちが起きなくなってしまうことが一番怖い
だから、何事にも「心」で反応する。
大切なのは
自分で探すこと
流されないこと
「感受性」を磨くこと
僕も探してます
自分の感受性を磨けるものを
あなたも探してみてください
あなたの「心」を磨けるのは、あなただけです。
おーしま

自分の心を開いてますか？
友達に心を開いてますか？
大切な人に心を開いてますか？
一番大切な人には心を開いて、
ホントの気持ちを伝えたい……
ホントの自分を出したい……
素直な自分になりたい……
でも一番大切な人だから心を開けずに
ホントの気持ちが伝えられない……
ホントの自分を出せない……
素直な自分になれない……
なんでだろ？？？
本当の自分自身の心を開けば分かるはずなのに……
心を開けば幸せになれるのに……

王子



って具合でした。とにかく恐いし、ひたすら凹んでいました。

テニススクールには、継続率と言って、その月から翌月にかけてスクールの会員さんがどれだけ退会せずに継続してくれるかっていう数字があります。これがコーチごとに数字として出るので、一発で良いコーチかどうかわかってしまうというものです。

普通のコーチは、九二～九七％が平均の数字なんですが、Mコーチは、年間を通して九八％を割らないくらいの人でした。残り二％は入院、結婚、引越しなど、いたしかたないものだけでした。ほぼパーフェクトです。

さて、Mさんですが、いったいどんなレッスンをしていたのでしょう？　この人はおばちゃん……おっと主婦の方々の人気が特に絶大で、口コミでキャンセル待ちになるほどでした。

ナンバーワン・テニスコーチというと、どんな人を想像しますか？　一般的には、明るく、笑顔が爽やかで、声が通って、やさしくて、長身で、スマートな感じでしょうか。芸能人で言うと、松岡修造とか、永井大あたりの。

Mさんはどんな人だったかと言うと、まず暗い（笑）。ボソボソ話すし、何を



大きな幸せを幸せと思うと、毎日が辛くなる。
小さな幸せを幸せと感じると幸せを感じる時間が増える。
気づくといつも幸せを感じている。
そんな日々を１人１人が送れれば皆が笑っていられて、皆が幸せ。
平和な毎日。
心の充実。
幸せの価値観によって日々が変わった現実を皆にも教えたくて。
当たり前を当たり前に思わないことが幸せへの近道です。

MIYO

小さな幸せを見つけることができる人って幸せ
「ありがとう」 の反対は 「あたりまえ」
今の自分があたりまえじゃない
今の自分がいることが最高に幸せなこと
ありがとう
I LOVE ME
LOVE & PEACE & HAPPY

夢旅人　hiroya

幸せ、それはなかなか感じられないこと
意識していないと忘れてしまう
一人でいるときの幸せと家族と居る時の幸せはどこか違う
ひとりでさみしく思うときもあるが
たまには一人になりたいときもある

どちらも幸せ

よち

言ってるのか聞こえないこともありました。背は低いし、ネチネチしていました。見た感じはかなり悪い印象ですが、満員御礼です。

「まっちゃん、ワイのレッスン、どこがええのか、さっぱりわからへんやろ。はっはっはっ」ってなかなか教えてくれませんでした。

そのうち、私が本気でテニスで食べていくっていうのがわかったころ、いつもいろんなダメだしがマシンガンのように来るところが、「まあ、こんなもんやろ」って、初めてダメ出しがなくなりました。

「そろそろまっちゃんにも教えたるか」と、Mさんのレッスンの秘密を少しずつ明かしてくれました。ワクワクしました。

「まっちゃんな、テニススクールに来る目的って何や？」

「テニスをして、身体を動かしたいとか、友達つくりたいとか……ですか？」

「アホか。だったらサークルとかダンスとかでもええやろ。テニススクールに来るのはな、テニスがうまくなりたいからや。それだけや。それができれば、あとはええ。うまくなれば、勝手に楽しくなる。だから、もっともっとって来るんや。みんな目的をわかってないんや」

Mさんは、テニスをうまくさせるという最大の目的・意図を確実に実行していたんです。レッスンに笑いがあったり、コーチがカッコよくても、この意図





もう こんなボロボロな自分は
幸せになれないんじゃないかなぁ……
努力しても無駄なんじゃないかなぁ……
なれなくても
もぅいいや
あきらめよう
いいよ
ならなくて
ならなくていいから
生きててほしい。
生き続けてほしい。
努力もしなくていい。
誰になんて言われようと
気にしなくていい。
そしたらさ
いつか 幸せが
どこかから
コロコロ ってころがってきて
いつの間にか
幸せってヤツになってるかもしれない
そしたら儲けもん。
掴みにいくのが疲れたら
そこで待ってるだけでいいよ。

基子

今、あなたが、これを読まれている偶然。
今、私がこの文章を書くにいたった偶然。
数分前まで、全く縁の無かった偶然の出会い。
振り返ってみてください。
あなたと出会った人たち・・・
みんな偶然の出会いだったはず・・・
そして、みんなに出会って変わったこと
たくさんあるはず。
出会わなければ、あり得なかったこと。
たくさんあるはず。
偶然は全て必然。
理由があるのです。
良い出会いも、悪い出会いも、全ての出会いが必然なのです。
今日も、偶然の出会いを大切に。

青葉♪ミサ



から外れるとスクールには来なくなるんですね。

そこでのアドバイスは、人生においても使えるものもたくさんありました。

「一度にたくさんのこと言わんでええ。お前、テニスしながらいくつのことを覚えてられる？『足を止めることだけ意識して』とか、大事なこと一個でええ」

「それができたらな、ほめる。『ようできた』『できるやなないか』って認めてあげるんや。できたら、次に進むんや」

「専門用語、コーチが使ってるとカッコよく聞こえるやろ？　でもな、あれは単なる自己満足や。主婦の人に、『テイクバックしてインパクトからフォロースルーとって』だの言ってもわからへん。伝わらん言葉使ってどうする。専門的でない人には、小学生でもわかる言葉で言え。そこが頭の使いどこや。『ラケット引いて、打ったら最後まで振り抜いて』って言えばわかるやろ。カッコよくするのがスクールの目的やないやろ」

「よく、『前で打て』っていうけど、前ってどこや？　広すぎるやろ。人によって全員ちがうんや。だから人に言うとき、感覚的な言葉じゃなくて、明確に伝えろ。前じゃなくて、『踏み出した足のつま先の真横』、って言って示せば全員



なんのために人と関わるのか。。
寂しいから？
でも、人と関わることで、
もっと寂しくなることもあるよね。
じゃあ、
人とたくさん関われる人の方が素敵だって思うから？
でも、たくさんの人に関わると
自分をなくしちゃうかもよ？
人間関係ってさ
ひとりひとり、その時の気分や機嫌は違うから面倒。
とりあえず、考えても答えでないから
自分のペースで行こう。
それでも絶対ひとりにはなんないよ、これ本当。

中平梨沙

お水がいつも明らかに ある場所に流れて行くように、
いつも 笑顔で楽しく または祈りを込めて
幸せ、安らぎを家族に満たしていきましょう。
みんな地球家族です。
愛し合っていきます。

あお（青）



通じるやろ」

「力抜いてって言うコーチはダメや。言われても抜きたくても抜けないんや。力が入る原因を直せば、力は自然に抜けるんや。原因は別のところにあるんや。みんな表面しか見いへん」

「テニスコーチは、五つの職業を同時にやってるんや。教える先生であり、肉体労働者であり、サービス業であり、営業であり、テニス職人や。高度で大変な仕事や。でもここで学べば、たいていの仕事はできるで」

「テニスコーチは、三ヶ月死ぬ気でやれば、だれだってなれるんや。他の仕事もそうや。人気のEコーチ見てみい。すごいやろ、あいつ。まっちゃんより、よっぽどへっぽこだったんやで。泣きながら帰ってったこともあったで。みんな、ただやればできるのに、やらんだけや」

こうしてMさんは、最終的にはかなりいろいろ教えてくれて、送り出してくれました。「まっちゃん、がんばりや」と。Mさんから学んだことは、いまやっていることにも形を変えて色あせず活きています。

Mさんからいろいろ学び、そのスクールから、古巣のスクールに戻ってきま



時々、意地悪を言うのに嫌いになれない人がいます。
意地悪を言われるのが解ってるけど、たまに会わないと
ちょっと寂しくなるのです。そんな人こそ、一生の宝です。
誰もが言いにくいことを言ってくれる人は
あなたのことを大好きなんだと思います。そんな人とも
長く付き合っていくことで、自分の成長に繋がるのです。

そして・・・厳しいことを言おうとした時。
ひょっとしたら、言ってしまうことでその人が離れてしまう
かもしれないことを覚悟できてますか？
また、自分自身を客観的にみることは出来てるでしょうか。
その人を褒めてあげることは出来てますか？
お互いがお互いを認め合って初めて、尊敬に繋がるのです。

笑顔の配達人 ヨウコ

「色とりどりのこころ」
わたしのこころはわたし色
あなたのこころはあなた色
同じものを見て
同じ音楽を聴いて
同じひとときを過ごしても
きっとこころに残る色は違う
みんなと感じる色が違っても
自分の色を見つめていこう
それは自分らしさの色
わたしとあなた、こころの色が違っていても
お互いを無理に染めようとしないで
一緒にいられたらいいね
smileflower




した。そこのコーチはほんとにレベルが高く、他の人に追い付こうと、ただがむしゃらに、練習をしていました。

仕事そのものも過酷で、月三日の休みで、朝八時半から夜十時ごろまでテニスをしている毎日でした。木曜だけは夕方以降が空いていたのですが、それだけでも、なんだか木曜日は休みのような気がするくらいでした。しかし、その木曜の夜もトレーニングジムに行って筋トレをしていて、休みとはほど遠い感じでした。テニスコートの上か、うちで寝ているか、という生活を余儀なくされていました。ゆっくりと休みたいのに……

テニスはもともと下手だったのですが、やってもやっても上手くならず、身体はボロボロで、休みの三日は整骨院に通って終わりました。肩、ひじ、腰など、関節は全部ダメになっていました。だましだましやっていましたが、頑張りの限界を感じました。ただ頑張ればいいってもんじゃない。

ある日、道路が渋滞しているときに、あまりの疲れで寝てしまい、車をぶつけてしまいました。このことがあってから、「もうテニスコーチをやるのは限界だな……」と感じるようになりました。


私は、51歳。おそらく自分の人生で最後の恋愛感情と思われる。

人の出会いとはわからないもので、何故この年でこの人に出会ったのか？

何故、もっと早く出会っていなかったのか？

考えれば考える程、残念。

長い人生の中でたった3年間だけ同じ道をあるいただけ。

何故、もっと同じ長い道を歩けなっかたのか？

いま、会えなくなって一人しみじみ思うもどうしょうもない事実。

何年か時が過ぎて、思いもよらないところで再開できたらと考えるも、今はどうにもならない自分がもどかしい。

Yoshi

小説の中の出来事のような、
複雑な人間関係の中で裏切られ、
波乱万丈な人生を過ぎて・・・
それが、今がとっても幸せという境地になりました。
若いときは苦労しても、人生後半が豊かなら
なんと嬉しいことでしょう！
これが逆ですと、ちょっと哀しい人生になるでしょうか？
そんな事を考えながら、
人生ってフェアなんだと思います。
現在、一人ぽっちで辛い方
大丈夫！あなたを理解してくださる方と
必ず出会えます。
そう信じて生きて下さい！！。

マリーン



テニスコーチは、つぶしがきかず、二十代の間に八割の人が転職していきます。それは、身体を壊したりして、テニスができなければ仕事のしようもないからです。

そんなときに、声をかけられ、渡りに舟とばかりに、とあるビジネスを始めることになりました。



「一期一会」
誰と出逢うか　何と出逢うか
その出逢いが人生を変える
「一瞬一生」
その瞬間が人生のすべて
一瞬一瞬を大切に
その積み重ねで自分がつくられる
私は、たくさんの出逢いをいただき
今、本当の自分になってきた。
どんなときも、独りじゃない。
いつだって、つながってる。
まだ見ぬあなたとも、きっと出逢える。
笑顔で過ごす日々・・・
みんなが毎日幸せでありますように☆。

☆のぶ☆

話し上手は聴き上手と言うけど、
「聴く」とは、「耳」と「十」個の「目」で
（そのぐらい、色々な角度から）見て、
相手の「心」を汲ながら、「心」で「聴く」。
そして、「聴」には「口」がない。
それは、相手の話に口を挟まず最後まで
しっかり「聴く」ということが大切だと思う。
埼玉に住んでる目黒



## 二　死んでしまったらゲームオーバー

これに成功すれば好きな人生を歩めるんだ。

そう思って始めたのはいいものの、自分が好きなことをやるために、お金が儲かりさえすればあとはどうでもいいという、自己中心的な価値観でやっていたために、あえなく失敗することになります。

会社が良くなかったんだと、会社を移り変わったのですが、移り変わった会社が計画倒産して社長が売上二億円を海外に持ち逃げし、関わった人に、自殺者も出るような社会問題になりました。

展示会商法、絵画商法、高額毛皮商法、モニター商法、海外インターネットカジノ投資詐欺、代理店商法など、あらゆる悪徳商法と言われる人たちを引き寄せ、プロレスラー並みの人たちに囲まれ、脅され、一〇〇万円ほどの高額毛皮を買うことになったりもしました。

押し売り同然でやっていたため、友人関係がほぼすべて崩壊し、つき合っていた彼女もいなくなり、極めつけに、ビジネスでお世話になっていた人に騙されて、数百万円分の借金を背負わせられました。



気にすることなく、やり遂げなさい。
善い行いをしても、おそらく次の日には忘れられるでしょう。
気にすることなく、し続けなさい。
あなたの正直さと誠実さとが、あなたを傷つけるでしょう。
気にすることなく、正直で誠実であり続けなさい。
あなたが作り上げたものが、壊されるでしょう。
気にすることなく、作り続けなさい。
助けた相手から、恩知らずの仕打ちを受けるでしょう。
気にすることなく、助け続けなさい。
あなたの中の最良のものを、世に与えなさい。
けり返されるかもしれません。
でも、気にすることなく、最良のものを与え続けなさい。
candy

たとえどんな出来事があったとしても、
あなたの『尊厳』は決して、
誰にも奪われることはできないんだ。
あなたは、
十分に、
愛される価値がある女性です。
主体を生きましょう。

ゆこち

落ちるときは一瞬で、消費者金融三社をかけずり回る生活になってしまったのです。

どうして、好きなことをやって生きようとしていたら、こんなことになってしまったんだろう……

理由はありました。一番は自分が中途半端な「欲」「損得勘定」を持っていたからです。自分がそういう状態ですから、怪しければさっさと去ればよかったのですが、この人たちはいい人だ、言っていることもつじつまが合っている。と、自分で正当化をしていました。

人は、自分が信じたいと思っているものを信じるために、理由づけをします。そして、相手は、私に欲があるのはわかっていますから、そこにつけこむことをして、私もそれを受け入れてしまったのです。「この商品を買えば、俺は社長さんクラスの人脈をたくさん持っているから、君に紹介できるよ。だから、一緒にやろう」。こんなふうにメリットを提示しての誘い文句や、「仲間が困っているんだ。あいつを助けてやってくれねーか！　俺も一緒に手伝うから」と、義理人情に訴えてきたり、単なる脅しだったり、いろいろな手口がありました。




どんなことも、人間関係に始まり人間関係に終わっている。
そこさえうまくいけば、小さなことも大きなことも概ね HAPPY だ。
自分ひとりじゃ生きてないこと、
今ココに生かしていただいてることに感謝できると楽
だけど、そうもいかない時もある。
そんな時、わたしはいつもこの詩を思い出す。

「あなたの中の最良なものを」 by　マザー・テレサ
人は不合理、非理論、利己的です。
気にすることなく、人を愛しなさい。
あなたが善を行うと、利己的な目的でそれをしたと言われるでしょう
気にすることなく、善を行いなさい。
目的を達しようとするとき、邪魔立てする人に出会うでしょう。

改善の余地がかなりありますね。もっと自分のことをせきららに語れるほど人を信じられれば……。そして、自分の立場や主張にとらわれず、他人に好奇心や関心をもてれば……、もっと共感しあえる素敵な社会になるでしょう。

HOME



一方で、二十歳ごろから、人生をどうやって生きればいいのか知るために、本やセミナー、人が集まるイベントに行っては勉強するということをひたすら繰り返していました。

本屋に行けば、真っ先にビジネス・自己啓発書の棚に行き、「人生」とか「幸せ」とか「成功」という文字を見たら、カルタ取りのように、バッと条件反射で取っては中身も見ずに手当たり次第レジに運んでいました。

わらをもすがる気持ちで。生きる手がかりをつかみたかったんです。

もがけばもがくほど、状況は悪くなる一方。何をやってもうまくいかない。人間関係も崩壊。借金だらけで未来への希望もない。

セミナーへ行ったり、本を読んだりして、いままでやってきたけれど、これもどれだけ意味があったのか……。知識は得た気がしたけど、気がしただけかもしれない……。俺は生きている価値は果たして本当にあるんだろうか……。俺一人がいなくなっても、いまならだれも悲しむ人もいないんじゃないだろうか……。

そのころは、未来への希望もまるで見えず、生きていること自体も、もうどうでもよくなってきていました。



人間関係は自分を知るのと同じくらい大切。
人を通して今の自分も生きている。
だから人間関係はうまくなくても
学びながら生きる事が大切とおもう。
自分を大切にして、人と関わっていきたい。

聖子

２５００年前、お釈迦様がいいました♪
「対面同席五百生（たいめんどうせきごひゃくしょう）」
いま、目の前に席を同じくしてる人、ご縁ある人は
前世で５００回はトモダチだったことがあるヨ♪
という意味だそうです＾ー＾
「目の前の人にどうしたら喜んでもらえるか♪」
が人生のテーマ☆☆
イヤな人、苦手な人は
人生のドラマを盛り上げる貴重な悪役？？（笑）
すべてに感謝で、ハッピーだね♪♪
ありがとうございます・・・：☆∴:、*.

堀向勇希

「生きていてもしかたがないから、もう死のうかな。練炭だと、楽に死ぬことできるのかな」

そんなことばかり考えていました。

「でも、死んでしまったら、両親が悲しむ。おばあちゃんや弟が悲しむ。死ななきゃなんとかなる」

そう思って、自殺はなんとか踏みとどまったものの、状況は特に変わりません。

仕事も、飛び込み営業をやってみたものの、さっぱりうまくいきません。

ある夏の炎天下、意識も朦朧《もうろう》となっていました。

「俺はいったい、何をやったらいいんだ!!

これからどうやって生きればいいんだよ!!

ぜんぜんわかんねーよ!!

いるんだったら教えてくれよ、神様!!」

そう道を歩きながら、子供みたいに泣き叫んでいました。

すると、あるインスピレーションが降りてきました。





昔は自分が嫌いだったから、人のことも嫌いでした。
自分が信用できなかったから、自分が好きになった人や
自分のまわりにいる人達のことも信用できませんでした。
でも少しずつ少しずつ自分が好きになってきたら
人のことも好きになってきた。
人間関係って人と付き合うってことじゃなく
自分と付き合うってこと。
長所も短所もある自分を認めて好きになれれば、
人の欠点も気にならなくなる。
自分を信用できれば、自分が好きになった人を信用できるようになる。
すべての答えは自分の中にあるってことに気がつきました。

もも

そして、わたしが人を愛せるようになれたら、
まわりの人の愛に気付くことができて、
やっと、やっとわたしを愛してくれる人にも
出逢える状態になる！！
…そんな風に思ってたんだ。
でも、もし自分や他人を愛せていない（と自分で感じている）
いまの自分でも、
愛してくれる人があらわれるかも知れないじゃん？！
自分がそれを受け入れればいいだけかも知れないじゃん？！
って感じられるようになってきたんだ。
それは、わたしを受け入れてくれる仲間たちのおかげ。
もう少しでここから抜け出せそうだよ。
みんな、本当にありがとう♪♪

コン☆ちゃん

## 三　観察し、探求し、理解する

降りてきたインスピレーション。

それは、「ふくし」という言葉でした。

「ふくし……、福祉か……」

それまで、自分にはなかったものでした。


人に関係する仕事をしたい。そういう気持ちはありましたが、福祉の仕事はまったく思いついたことすらありませんでした。

「そうか、福祉の世界に行くという手があったか。なるほど〜そうきたか！」

自分のインスピレーションに自分で納得していました。

きっと、思いついたということは、何か意味があるにちがいない。そう勝手に思いました。

年齢制限もなければ、学歴も関係ない。手に職をつけられる。まずは資格をとろう。もう騙し騙される世界からは卒業して、すべてをリセットしてゼロから始めよう。



わざと笑わせてくれたり
大好きと伝えて抱きしめてくれたりする
友人、彼氏、先生、仲間…
居てくれるのが嬉しい
そして
本気で憎くて大嫌いな家族
沢山傷ついたよ私
反発するのは私だけ
それでも必要なんです
大好きなんです
こんな不器用なことも
分かってくれて
生きさせてくれて
おせっかいじゃない愛情が
心に響くわ
どーも、今後も面倒お掛けいたしやす

ゅっこバージョン

自分は人を愛したことがないんだって、
ある日、気がついちゃった。
好きだという感情は持っていても、
それは愛と呼べるものではなかったんだなぁって。
だから、きっとずっと自分を愛してくれる人に
めぐり逢えずに来たんだって。

「人を愛せるようになりたい！！」
そう感じたわたしが見つけた方法。
それは…　自分自身を愛せるようになること。
自分自身を愛せるようになれたら、
愛がどういうものなのかを自分で感じることができて、
それを他人にも向けて行けるんだよきっと、って。



こうして、介護の資格をとり、福祉の世界に飛び込みました。

福祉の世界というと、パンフレットなどで見かける写真では、お年寄りとスタッフが、「ありがとう」ってニッコリ微笑んでいたりします。

しかし、実際の現場に入ると、これまた過酷な仕事が待っていました。給料が安いのは覚悟していましたが、心身ともに、想像よりはるかに過酷でした。「ありがとう」って、ニッコリしている余裕もない。

また過酷なところに足を踏み入れてしまった……と、ちょっと後悔したものの、もう決めたことです。逃げても変わらないし、行き場所もない。腹をくくるしかなかったのです。

「ありがとう」と言う人もたくさんいらっしゃいますが、その反面、「ありがとう」の代わりにとめどない罵声や手が出る方もいました。

夜中の四時、夜勤で見回り中に、「ドロボー!!」と大きな声を上げられ、後ろから殴りかかられたことや、運転中に腕をつかまれて、ハンドル操作を誤りそうになったり、走行中にいきなり助手席のドアを開けて出ようとしたり、自己



私、決して良い子なんかじゃないさ
鬱だったり泣き虫だったり
怖がりだったり
不安定だったり
イライラ過食してボロボロだったり
胃腸弱くて軟弱だったり
強がりの意地っ張りで一匹狼だったり
コミュニケーション苦手だったり孤独に自ら走ってたり

優柔不断で迷惑かけたり
八つ当たりしたり死にそうになったり
不細工だったりネガティブだったり
こんな最低すぎる自分を…
愛してくれて
自分を大切にしてと言ってくれたり
苦しい時に駆けつけてくれて
泣き言を聞いてくれたり

ありがとう＼(*^▽^*)/と 言わせてくれて ありがとう＼(*^▽^*)/＼(*^▽^*)/

あっぱれさん♪



中心的な性格に問題があり、親族一同から見放され、精神病院にしかいられない人のケアをしたり……。

日常の世界ではあり得ないことが、現実的に起きている世界でした。

三つの会社に入り、うち二つは立ち上げ段階からでしたが、〝ここでやれれば、他はどこでもやっていける〞という大変なケアを要求されるお墨付きのところばかりでした。

対象となる方は、みんな「ほかの施設ではお断りをされ、ここにたどり着きました」というような方ばかりで、他に受け入れてもらえる施設がないのを知っているので、仲間とともに、受け入れていました。

ただ、福祉の世界に入った以上は、そこで得られる最高のものを学ぼう、と決心していたので、それは見事に叶っていたことになります（笑）。

こうして福祉の世界にいる中で、わかったことがあります。

お断りをされる方は、良くも悪くも個性的なために、多くの一般的な画一的

誰一人として認めてくれなくても・・・
あなたが、どんなにか努力したか
天は知っている。そして、何よりあなた自身もね・・・
あなたがえいっ！と心を決め・・・
少しづつ歩き出した先にあるのは〇〇
まずは、自分の熱烈応援団になろう！

自分の良き友に・・
あせらず、くさらず、心を閉ざさずに、前進するとき
気が付けば、良き理解者が現れるだろう。
孤独や辛さから、生み出された凛とした力強さと
しなやかな優しさを身にまとい・・・
今度は、誰かのよき理解者になるかもしれないね。

天川由子

どこへ行っても、人と会う。
その人によって人生はもっともっと素晴らしくなる。
なんてステキな人生！
もし、今あなたが、
どこへ行っても人と会う。
その人によって私の人生メチャメチャだわ
と思うなら。
どうぞ、こんなふうにつぶやいてみて。
人間だもの〜。いろんな人がいるわさ。
それから、こんなふうにも。
私だもの〜。大丈夫。私が信じる私だから！と。
人って本当に素晴らしい。考え方一つ、思い一つで、
すっきり変われるから。

サッカーママ　アリチャン

なケアをする所では対応をしきれないだけだったんです。あまりある個性を発揮していたので、スタッフが個性を受け入れる器がないと収まりきれない。ただそれだけだったんです。

基本的に、スケジュール通りの集団行動ができる人はどこでも適応できますが、一人で行動するのが好きな人もいますよね？　そういう人は、残念ながら多くの施設から、はじかれてしまうのです。これも社会の縮図なのかもしれませんね。

隆太は、高い志を持っている仲間たちに恵まれていたおかげで、こうした人に徹底的に関わって、その人たちのことをみんなで理解していきました。

どうして、この人はこうすると怒るんだろう？
どうして、こういう行動をするんだろう？
どうして、この時間になるとウロウロし始めるんだろう？
どうしたら、この人は笑顔になるんだろう？

理解をするために、まずやることは、「観察」です。テニスコーチをしていた




自信がないときいつも傍にいてくれたのは君でした。
不安で落ち込んだとき、いつも傍に居てくれたのは君でした。
がんばったことちゃんと見ていてくれたのは君でした。
泣いたことちゃんと見ててくれたのは君でした。
何があっても、傍に居てくれて励ましてくれたのは君でした。
弱虫な自分が、ここまでこれのは
ぜんぶ、ぜんぶ君のおかげ。
君が居るから、力になるんだよ。
助けてもらったぶんは
私も誰かに返せるように
がんばるよ。
ありがとう。
もういちど出会えることを願って。

ハリアーの助手席が好き　akina

先輩に「等身大になれ」と言われました。
それまで自分を飾りまくって、
飾った自分を保とうとする自分が居ました。
虚位の自分、そんな自分には誰も振り向かない。
等身大になろう、言い訳を一切止めよう・・・
実践していますが、気持ちがすごい楽になりました！
失敗も素直に打ち明けているので叱られることも多いですが
不思議と人に対して抵抗が無くなってきました。
誰が相手でも等身大の自分。
ただそれだけで良いんですね。
先輩ありがとうございました。

オネスト　きっしゃん



ときもやっていたことで、福祉の世界に入るときに、まず一番最初に学んだことでした。

福祉の世界は、人が相手の世界です。人は、不要な感情が入ると、冷静に観ることができなくなります。

たとえば、頭部から血を流しているのを見て、

「うわ〜、どうしよう〜!!　大変!!　痛そう〜!!」

と騒いでいても、その人を助けることに何もつながりません。それどころか、動揺したり興奮してしまって、冷静な判断ができなくなります。

まずは、観察する。すると、「頭部から血が出ているのは、棚の角にぶつけただけで、その場所は、たまたま血管が多いので派手な出血に見える。でも、止血をすれば、すぐに収まりそうだ」なんていう判断ができたりします。

人生においても同じで、ちょっとのかすり傷なのに、もう死んでしまうっていうような大ケガをしているような思い込みをすることがあります。うわー失恋した！　仕事で失敗した！　というように。

観察をして、「事実」を見ることが大切なんですね。実際には大したことないかもしれないのに、大げさにとらえてしまったり、事実を見失ったりしないように。



それに気づいてちょっとずつ
自分の想い話したら・・・。
皆なんてことなく話聞いてくれた。
父親、母親、兄弟、友達
みーんな。
今となっては大笑い！
正直でいいんだ。
不安なら言ってもいいんだ。
嫌な事は嫌って言ってもいいんだ。
腹が立ったら怒ってもいいんだ。
気まづくなってもいいんだ。
寂しいっていってもいいんだ。
それが自分なんだから。
もっと早くカッコツケナイデ、
正直に・素直に話せばよかった。

hiro-shima

人生に目的がある、目標がある。自分に能力がある、スキルがある。
それが生きるのは！それらを認めてくれて用いてくれる、そんな人間関係があるからこそなんだよ。
平松　貴裕　【まっくす】



観察というと、表面的なことを思い浮かべるかもしれませんが、実は、もっともっといろいろなものを観察しています。皮膚、表情、洋服、靴、動作など外から見えるものだけではなく、使っている言葉、口調、テンポ、声の大きさ、強さ、喜び、怒りなどの感情、雰囲気、呼吸、価値観、考え方、周りの環境、人生の背景、家族・夫婦関係などの人間関係、体温など、観察することは、たくさんあります。

観察とは、「観《み》」て「察」することです。目に見えるもの、見えないものを観《み》ることで、どんな人なんだろうかと、察することができるんです。

これは、福祉に限らず、医療関係、カウンセリング、コーチングなど対人援助のお仕事をはじめ、人生で人と関わる場面では、すべて大切なことです。

観察することで、自分の主観的な色をつけないで、ありのままのその人が理解できるようになります。どうして、あのときに怒ったんだろう？と観察して、探求していくと、観察する前には見えなかったことが見えてきて、理解が深まるのです。

以前は、観察というと、感情とか温かさを持たずに、外側から見るようなイメージで、あまり人間的でない印象だったのですが、福祉に関わることで、人



誰も僕の気持ちを分かってくれない。
僕がこんなにも頑張っているのに。
僕がこんなにも我慢しているのに。
僕がこんなにも皆のことを考えているのに。
毎日そんな事考えていた。
でも・・・。
本当は僕が頑張らないと・・・。
我慢しないと・・・。
皆のことを一番に考えないと・・・。
みんなに嫌われると思っていた。
今まで頑張って、我慢して、
自分の感情を抑えて、
皆のことを一番に考えないと
お父さん、お母さん、兄弟、友達に
嫌われると思ってた。
なんて大きな勘違い！

お父さんが天国へ行った時、涙も零せないくらい ただ呆然としていたお母さん。
何とも言えない、忘れられない表情。
もう、あんな顔させないから。お母さんの笑っている顔を見たいから、どんなに辛い事があっても生き抜くからね
お父さんっていう強力な助っ人も見てくれてる。
お母さんとお姉ちゃんが居てくれるから、恩返しするために 生きるね！

あさひ



が良くなってほしい、人をもっと理解したいっていう愛があるからこそ、観察をするんだと、「観察」という言葉のイメージが変わりました。

そうやって、理解すればするほど、いわゆる問題行動と言われる、暴言、暴行、徘徊という症状が出なくなって、落ち着いていかれる方が増えました。たとえ症状がゼロにならなくても、半分以下になったり、笑顔がまったくなかった人に、笑顔が出るようになったりしました。

そして、理解すればするほど、その人のことがわかってくるので、人間的にもどんどん好きになっていきます。

「この人、いっつも怒ってるのに、バニラアイスがあると、こんなに笑顔になるんだ。なんだ、かわいいとこあるな（笑）」

わかればわかるほど、親しみが増しますよね？

どこに行っても落ち着かず、どの施設でも断られ、対応に困っていたお年寄りの方が、みんなと一緒に和気あいあいとトランプをしている姿を見て、他の施設のスタッフが唖然としていました。



思い返すたび胸がヒリヒリする思い出
闇にむかって、ダイブして消えたくなるような思い出。
はしゃぎたくなる嬉しい思い出
どれも１人では作れない思い出
きっと出会ったあの人は私にとって必要だった人。
あの人にとって私はきっと必要だった。
そう思えたなら今に感謝したくなる。痛みも悲しみも幸福の味がする。
だからまた訪れる人の出会いに希望を持とう。別れも受け入れよう。

矢城　ルミ子

人間関係に悩んで、死のうと薬を飲んだとき。

傍らに、泣いてくれる存在がいました。

そこに、温かい手がありました。

辛くて、苦しくて。

時には生きることを止めたくなる人間関係だけれど。

優しくて、温かい。

生きていようと思えることもまた、人間関係だと気づきました。

ありがとう。

心から感謝できる人間関係の大切さに気づかされました。

りゅう

「あんなに落ち着きなかったFさんが……。いったい何があったんですか？」

こういうことがよくあり、ご家族や福祉関係者から感謝されることもたくさんありました。

さて私たちは、いったいどんな魔法を使ったのでしょう？？

人によって表面的にやっていることはちがうのですが、本質的には同じことをやっていました。

実は、いま、私たちが主催しているソースワークショップなどでやっているのと同じことを福祉の現場でもしていたんです。




あのね　自分ってね　自分が思ってるより　なかなか良いやつなんだよ
でね 「やぁやぁ、よく頑張っててなかなか良いやつじゃないかぁ。」ってね
自分にニッコリするとね　あらあらふしぎ
まわりの人も　なかなか良いやつに見えてくるんだよ
それでもって　人づきあいが楽しくなってくるんだよ
だからね
「やぁやぁ、よくがんばっててエライエライ。　なかなか良いやつじゃないかぁ。」
そう自分に言ってみてね
身体の生まれは北国、魂はポリネシアンなセラピスト　おはな

最高のパ－トナ－と出逢う事は自分の人生での奇跡だよ～一瞬一瞬の幸せに感謝・感激・感動です
まえしん



## 四　人はどうしたらイキイキするのか？

いま、私がやっているソースワークショップでは、その人がワクワクすることを思い出し、それを実践するのをサポートすることで、自然にその人がイキイキとした状態になるようなお手伝いをしています。

子供のころは、何もしなくてもそうでしたが、大人になると、イキイキしているのが自然の姿だったということを忘れてしまっているのです。

福祉の世界でやっていたことは、本質的には、これと同じです。
その人が、一番その人らしかった時代や好きなことを見つけて、それを活かしていくことで、イキイキと日々を過ごしていただくようにしていました。

基本的には「昔とった杵柄《きねづか》」というようなものが多いのですが、これをすると、みんなそのときに戻ったかのように、イキイキとするのです。それを私たちは徹底的にやったまでのことです。



どんなことも最後は「感謝」に落とし込む。
辛さが私を「感謝」の天才にした。
もう誰も私を不幸にできない
比々き@スピリチュアルコーチ

友達を大切に、優しい気持ちで接していきたい。
Y・T

大事な気持ちを
あなたのことばで
伝えよう☆
まってるんだょ
かざらなくていい
ありのままの
気持ちを
知りたいだけなの
みぃ☆

不安なときは
ぎゅっと抱き締めて
ほら、
温かい
柔らかい
落ち着くでしょ？
豚まん
って言ったら
怒られるかな？
ねこめし

たとえば、昔、何十年も経理一筋で過ごしていた方が、落ち着かなくなっているとします。

その方に、経理の道具として、「そろばん」を渡します。いまはパソコンですが、高齢者の若いころはそろばんですよね。そして、エクセルで擬似的に在庫棚卸帳をつくって、その表のいろいろな品物の合計を出していただくという作業をお願いします。

「○○さん、私そろばんを使うのが苦手なので、お願いできないでしょうか？」

というように、男性の方なら女の子がお願いすると、

「ああ、そんなのもできないのか、どれどれ」

とやっていただけます。しかも、進んでイキイキと。

普段の記憶は忘れてしまっていても、自分が長年していたものの記憶は、一生忘れないのです。ものすごく細かいところまで、完璧に覚えています。主婦の方なら、料理がそうです。自分らしくやっているものは、自分の人生そのものなのですから。

落ち着かなかったFさんを例に出してみます。

Fさんは六十五歳の男性で、ケアするのが非常に難しい方でした。他の施設




みんな違っていていい
みんな違うはずなのに同じところを目指し、比較し、苦しんでいるんじゃないかな
みんな違うんだからあなたにしかないもの、その宝物を磨いていこう
あなたにしか輝かせられないものはすぐ目の前にあるものだから
古市佳央

人が生きてる以上悩まされる問題だと思います。
悩んでる全ての人に届けたい。
誰でも誰かの大切な人なんだって。
『みんな君のことが大好きだから
ここにいていいんだよ
ここにいてくれてありがとう』
マリリン



はすべてアウトです。脳の機能障害で、五分待つだけで、一時間くらい待たされたように感じてしまいます。

時間のペースが普通より極端に早く、たった二、三分であっても一人になることがあると、「おーい!!」と、施設中に響き渡る大声を出されます。こうなると、その場にいる全員が落ち着かなくなります。みんな歩き回ったり、「帰りたい」と言ったり、悪口を言い出したり。大変なことになります。

この方は、財務部長をされていた、かなりやり手のビジネスマンでした。時間管理に厳格で、何をだれがどうするのかが明確でないと、次は何をするんだ、これはどうなっているんだ、と確認しないと気がすみません。

ですから、Fさん専用に、毎回「本日のスケジュール」を目の前で手書きで紙に書いてお渡しします。細かい部分まで見るのが好きな方なので、出勤スタッフ、昼食のメニューまでも、細かく記入します。Fさんは、自分の付き添いで、だれかが何かをしているのを見ていると精神的に安心するので、スケジュールも目の前で書くようにしているのです。

そして、スケジュールを書いている時間は一緒に落ち着いて過ごされるので



不思議だけど本当のこと
なんか嫌なやつだなー、と感じるのは
その欠点が自分の中にもあるから
この人いいなー、と感じるのは
その長所が自分の中にもあるから
気づいても、気づかなくても
バッチフラワーレメディ選択アドバイザー　マミ

あのね
泣かれて初めて
自分を大事にしなきゃって
気付いたんだ
わがままだし
すぐ泣くし
無気力だし
めんどくさがりだし
口悪いし
自分のこと大嫌い
でもね
あたしが傷つけられたときに
あたし以上に泣いてくれて
悔しいって言ってくれて
ホントに激怒してくれて
めちゃめちゃ気にかけてくれて
あたしよりもあたしのことを
想ってくれてる人がいたんだ
それ見て、ようやく気付いたよ
自分を大事にしなきゃって
あたしの好きな人達が
こんなに想ってるものを
無下に扱っちゃダメだなって

高校生　ちゃか

す。

他にもスタッフはいるのですが、このFさんのスケジュールを書くのは、なぜか私の役割でした（その人その人によって、相性の合う人が対応するのです）。Fさんは部下を呼ぶ上司のように、

「松田はいるかー、まつだー！」

と施設に来所されると言われるので、

「はいっ！　おります！　何でしょう」

と部下の立場になって、F部長に接するのです。

きっと、私に似た部下がいたんでしょう。

時間感覚が私たちとちがって、十分何かをすると、「もういいです」と言われるので、次にやることもあらかじめ用意しておかないといけません。

こういうふうに、寄り添い、きちんと対応できるようになるまでに、関わってから一〜三ヶ月はかかります。徹底的に観察して、理解を深めるのです。

というように、逐一、その人の立場、役割に合った好きなことをその人その人に提供します。そうすると人は、そこに意味を見出します。




自分の居場所がない。
そんな不安に襲われて
ずっと孤独を抱えて生きてきました。
でも、ふと隣を見れば、
みんなそんな寂しさを抱えて生きていることに
気づきました。
みんなおなじ。
でも、そこで下を向くか、
仲間を探すか。
もし、すぐ側の人達に理解されなくても、
必ず、あなたを待っている仲間はいるよ。
あなたの居場所はあるよ！
一緒に笑おう。
だいじょうぶ^ ^
愛を、和を、輪を、大切に。

あのり ai

自分勝手な理由で
大事な人を傷つけて
私のころころ変わる感情に
周りの人を巻き込んで
「もう私は人前に出るべき人間じゃない」
って布団をかぶって泣いてた時
「それでも私はえり先生ラブですから」
ってメッセージをくれた仲間。
このメッセージで
「あ、こんな私でも
ラブって言ってくれる人がいる。
私いてもいいんだあ」
って布団から出ることができました。
ありがとう
ほんとうにありがとう。
あなたの一言で救われました。
Love,Elly((*'∀')ノ
子育てアドバイザー Elly((*'∀')ノ



歌、折り紙、テレビ、映画鑑賞、散歩、体操、読書、パズル、お裁縫、塗り絵、貼り絵、習字……など、みんなちがいます。「人の興味は、人の数だけある」ということがよくわかります。

興味あることは、年齢に関係なく、しているとイキイキするんです。

年齢を重ねるほど、その傾向は顕著になります。やるかやらないか、が極端に分かれます。

性格も、どんどん「濃く」なっていきます。いい悪いは置いといて。マジメな人はますますマジメ、いい人はますますいい人、頑固な人はますます頑固、スケベな人はますますスケベに(笑)……でもまるごと受け入れます。

こういうきめ細やかなことができたのは、本当に高齢者の方が心地よく過ごされるには？　といつも考える仲間たちに恵まれたからです。そういう想いを一人だけでやろうとすると、多数派の意見につぶされて実践できず、結局その人もつぶれてしまうというケースが時々あります。

だから、こういうことができる環境にいられたのは、幸せなことでした。



友人とは、その人との関係があって初めて友人となる。
しかし、仲間は同じ生き方、少しでも同じ共通点があれば「仲間」である。それは人間だけではない。
従って、あなたは一人ではない。多くの仲間があなたの周りにいます。
藤原康晴

人との出会いってさ不思議だよね。
自分の人生にとって不必要な人なんていないと思う。
出会いは「偶然」ではなく、「必然」。
中には嫌な人もいるよ。
でも必ず自分のためになるんだって。
今気づかなくても後々わかるって。
それが気づければ、一歩成長した自分がいるよ。
37回生。　シューイチ

なるべく、普段自宅で過ごしているときと同じように、ゆるやかなペースで個々に合わせ、スケジュールは決めません。お食事は利用者の方と一緒に食べる、入浴時間も自由というふうにしていました。これって、当たり前の日常生活ですよね？

でも、一人ひとりが思い思いにイキイキとしているという、「当たり前のことを当たり前にやるのが、一番難しい」のが現実です。

多くの施設では、その逆のことをされているように感じます。合宿のように、十二時に昼食、十三時より体操、というように、集団行動的なスケジュールが組まれています。

福祉は、人と人との仕事ですから、そこで学んだことは、福祉の世界にとどまらず、すべて人生に活かせることばかりでした。

必要ない人なんて居ない。あなたがここに居る、それだけでいい。
モノヅクリビト　MIU

違（たが）いを味わい、互いを愛す。
共感を喜ぶだけでなく、相手との違いを味わって欲しい。
お互い、あらゆる条件が違う別の物語を生きてきて、
ある一点で出逢い、物語が交錯する。
違う部分があって当たり前。
違うって感じた所を、味わい受け止めることこそ愛する事。…なのかも!?
信



# 五　いま生きているのは当たり前ではない

ふと、「そもそも、福祉っていう言葉は、隆太のどこから湧いてきたんだろう。どこから興味が出てきたんだろう」と振り返ってみました。

一つ、そこで思い出したことがありました。

それは、〝ゆっき〟と呼んでいた女の子のことでした。

福祉に興味を持つ前に、知り合いました。その人は、北海道に住んでいて、隆太と文通（なつかしい響きですね）をしていました。ゆっきは、どういう人だったかと言うと、離婚をしていて当時二十四歳で、四歳の男の子がいました。とても優しい人でした。

彼女は、隆太がそれまで会ってきた人とちがうところがありました。

それは、身体障害者と呼ばれる人であり、「難病」と言われる病気だったことです。隆太は、自分の人生の中で、それまで障害を持っている方と関わったことはありませんでした。



お水がいつも明らかに ある場所に流れて行くように、
いつも 笑顔で楽しく または祈りを込めて
幸せ、安らぎを家族に満たしていきましょう。
みんな地球家族です。
愛し合っていきます。
あお（青）

他人と関わるのが怖い……
心の扉を閉じていました。
わかってくれるわけないとか
こんなアタシは嫌われるとか
自信なんて少しもなくて
自分を偽って強がる毎日。
でも 本心は
他人を求めて　伝えたくて
一緒に喜びを分かち合いたい。
でなきゃアタシの
生きる意味なんてないと思うんです。
他人がいてこその自分。
あなたがいるから
アタシの生きる意味があるんです。
悲しいのも　うれしいのも
分かち合いたい。
だからうまくいかないと
死にたくなるくらい
苦しいんだね。
おかしいことじゃないよね。
人が好きなんだって
一人じゃ生きていけないんだって
堂々と言えるようになりたいです。

基子

ゆっきは、もともと障害を持っていたわけではありません。いたって健康でした。でも、あるとき、身体に菌が入ってしまったのです。菌は最初、内臓部分に入ったので、取り除くために手術をしたのですが、その手術に失敗してしまったのです。

取り除けなかった菌は、身体を巡って、脳に入ってしまいました。その結果、運動機能に影響が出ました。走れなくなってしまったのです。歩くことすら、ひょこひょこ歩きになってしまい、階段となると、一段、足をそろえてまた一段、という具合でした。

それだけではなく、四六時中、身体中に激痛が走る状態になっていました。調子が良ければなんとか歩けるのですが、普段はそれすらもままなりません。まだ二十代前半だというのに、ベッドに横になって、半分寝たきりの状態です。

この病気は、医学ではお手上げのもので、治すことはできず、ただ病院で痛み止めの薬や注射を打っては、痛みを和らげるしかない状態でした。激痛をなんとか抑えるものですから、その副作用はすごいものがあります。ひどい眠気、だるさ、倦怠感が、激痛の代わりに訪れます。ボーっとしてしまい、何もやる気が起きなくなるんです。究極の二者択一です。

こんな状態の中で、調子のいいときに、私に手紙を書いてくれていたんです。




嫌いな人（苦手な人）ができた時、アナタはムリに好きになろうとしてませんか？
そんな、自分にウソついて苦しまなくても良いんですよ？
嫌いなのは決して悪いことではないし、嫌いならそれで良いんです！
自分が「いつか好きになりたい」と思っていれば、自然と好きになれます。
逆に言えば、そんだけ嫌いになれるということは、そんだけ好きになれるということです。
明日もムリせず、アナタがアナタらしく居られます様に。

アナタと共に輝き隊　磯野ワカメ☆ユジュカ

出会ってくれてありがとう。
昔、嫌なことをされたて傷ついた。
でもその時、自分もその人を傷つけていたんたんだって今、気がつけた。。。
あの時から今の今まで、苦しかった日々を見つめ直せる日が来るなんて思わなかった。
今なら言える。
貴方のおかげで、少し強くなれたよ。
出会ってくれてありがとう。

りょん



本当につらかったでしょう。手紙を読んでいるだけでも、痛みが伝わってきました。自分にできることは何かないか……っていつも思っていました。

そんなときに出会ったのが、ヒーリングができる方でした。いまではスピリチュアルな仕事をしている人も多く、だんだん、スピリチュアルな世界への理解も増してきましたが、この当時はまだまだ理解されていませんでした。

でも、少しでも彼女の役に立てばと、お願いをしたら、東京から北海道まで飛んで治療をしてくれました。そして、それまで数年以上の間、走ることができず、歩くのがやっとだったゆっきが、走り回ることができるようになったのです。

「やったよ、りゅうた。私、走れてるよ！　ほら！」

って、泣いて喜んでいました。

「うん、よかったよ。よかった！」

みんな、すごくうれしい瞬間でした。これで、ゆっきは長年苦しんでいた病気から解放される！

そう思っていたのも、長くはありませんでした。



私はいつでも　どんな場合も　さらさら爽やかで　軽やかで　澄んでいて　ふわふわ優しい。。。
。。。そうありたいけどね　そうもいかない日は　ひょいと～よけたりします　それもアリでしょ。

みかママ

誰も本当にあなたを嫌わないよ
気楽に過ごせばいいじゃん
ちょっと素直になったら
相手も素直になってくれるかもよ
だって本当は相手が素直に接してくれるなら
こっちも素直になるって思ってるんだもん
だったらあなたは笑顔が似合う人だねって
素敵なところをたくさん持っている人だねって
楽しい人だねって
こんな辛いことがあったんだって
寂しいって
愛しているって
もし素直に大事な人に伝えられていないなら
伝えてほしいな
あなたのその想いはあなたのもので
あなたのその想いは素敵なはずだから

ｂｙ三本菅善法　　mixi：ねるねるねるね

数日して、病状はまた悪化してしまいました。瞬間的な改善だったようです。それでも、ゆっきは手紙を書いてくれていました。すごく達筆で、きれいだった字は、いつの間にか、読むのがやっとのグニャグニャな字になっていました。本当に激痛で苦しいなか、でも手紙を出し続けてくれました。

ある日、電話がかかってきました。その声は、すごくテンションが高く、どうも様子がおかしいのです。何だろう……この変な感じは。

「りゅうた〜、元気〜〜？　私は、元気だよ〜！」

っていう感じで、その時期のゆっきの状態からはあり得ない感じでした。絶対に元気なはずないのに。そして、ゆっきは、そのまましばらくたくさん話をしていました。私は、ただ聴いていました。ひとしきり、ひとしきり。聴いている私のほうが、なんだか痛くて、つらくて、涙がボロボロ出てきました。

その数日後、チョーカーがうちに届きました。ゆっきが作ってくれたアクセサリーです。激痛の中、これを作ってくれたのか……。これを作るのに、どれだけの手間や時間がかかっているんだろうか。身体中の痛みとも戦いながら、どんな気持ちだったんだろうかって考えると、そのチョーカーの重みが身に沁みました。




みなそれぞれに囲いがあって
狭かったり広かったり
考え方もいろいろだから
芝生の色もいろいろで
そこに私も入れてくれないかい？
もしかしたら囲いを壊してしまうかもだけど
そのときは丈夫な柵を準備するから
もしかしたら芝生を傷つけてしまうかもだけど
そのときは栄養剤をいっぱい準備するから
君の囲いの中に私という新しい風を入れてくれないかい？

保井 美海

私達家族に起きたたくさんの奇跡….. それは娘が命をかけて教えてくれた大切な宝物
真っ暗なトンネルの中から暖かい光の中に導いてくれたたくさんの出逢い。
１０年かかったけど・・・たくさんの気付きをありがとう
必ず良くなるとずっとずっと家族で信じてきた。同じ様に命をかけて
強い願いは必ず叶う。
同じ様に医者から論文の対象にしかされていない方がいたら・・・同じ様に薬を試されている方がいたら・・・
医者は身体をつくる為に薬を出す訳ではない。症状を抑えるだけのもの副作用を伴いながら
身体が喜ぶ事を取り入れると神様も微笑んでくれるみたい。

かわいのりこ



そのすぐ後、ゆっきのお母さんから留守電が入っていました。

「○○は、昨日亡くなりました。とっても安らかに、眠るように」

と。享年二十六歳でした。


ゆっきには、夢が二つありました。

一つは、「インターネットをすること」。

もう一つは、「子供と、外を走り回ること」。

これは、手紙に書いていたことでした。夢。夢にしては、なんて当たり前のことなんだろう。でも、その当たり前のことを当たり前にすることが、彼女にはできなかったのです。

そんな彼女のことを改めて考えたとき、たくさんのことが浮かんできたんです。


どれだけ、自分はできることがたくさんあるのに、やっていないんだろう。

どれだけ、当たり前にできる日常生活への感謝を忘れているのだろう。

どれだけ、たくさんの可能性があるのを活かしていないんだろう。

どれだけ、いま、こうして生きていることへの感謝を忘れているんだろう。



「今、ここ」を感じよう！
呼吸に意識を向けよう。
深くゆっくりとした呼吸を繰り返すと
生きていることが実感できるから。
われわれは生きている、
なぜならば、
宇宙の法則に従い
生かされてもいるからだ。
ならば「活かそう」この命！
自分のために、
そして、
皆の為に！

園田真司

生まれたときより一歩でも前へ
努力はうそをつかない

ＹＵＫＩ

心は　多くを知っている
手放すのではなく
抱きしめて　あげよう
それは　今の　あなたに　とって
捨ててはいけない
大切な　想いだから
執着は　より大きな愛を探し
求め　さまよう
それを　わかってあげられれば
執着すら
愛せる
あたたかい　ぬくもりを
ずっと　待ってる
あなたの　大きな愛に
包まれることを

Rainy

どんな時も「希望」を持ち続けてね。

真里☆プロフィールコンサルタント♪


どれだけ、夢を叶えるチャンスを自分で気づいていないんだろう。

どれだけ、日常的に幸せに囲まれているのに気づいていないんだろう。

どれだけ、自分の人生を生き切っていないんだろう。


自分は、たくさんできることがあるんだ。

ゆっきが生きることができなかった夢を、いままさに生きているんだ。

自分が生きることのできる人生を、精一杯生き切ろう。活かし切ろう、と。

ゆっきは、命の大切さ、いま、生きていることの大切さを教えてくれました。


命の大切さ。これは、福祉の世界でも痛感しました。

たとえば、特別養護老人ホームに勤めていたときのことです。

Sさんという利用者の方がいました。Sさんは、そのとき微熱があり、水分を多めにとりながら様子を見ていました。お年寄りの方は微熱になることが多いのですが、たいていは、その都度水分補給をこまめにしたり、衣服などで体温調整などをすることで、また平熱に戻ります。

私はその日の勤務を終え、Sさんに「じゃあ、帰りますね～」と挨拶をして



夢は叶います！
でも、望んだ形で叶うとは限らないです。
「ある意味、これは夢が叶ってるかも」ってことに気づけたら、
それはそれで幸せなのかなと思います。
ワクラブコスモマップナビゲーター　小川　啓

人生、何が起こるかわからないけれど、
起こったことから、創り上げることができる。
誰もが、自分の人生のプロデューサー。
自分の人生を生きよう！
フリーライター＆コネクティングコーチ　大ちゃん

人は倒れても必ず起き上がる事が出来る
私は何十回何百回と倒れてきたけれど起き上がれた
倒れても私の心にはいつも希望だけは消える事がなかった
そう　周りがどうとか環境がどうかが問題じゃないんだ
自分の心がどこを向いているかが１番の問題なんだよ
心から消してはいけないもの
それは未来を描く力と勇気
その時駄目だと思っても必ず立ち上がれる
その時までじっと耐える事にだって無駄は一切ないんだ
それを知るまでに随分時間がかかったよ
人は心に希望の灯が消えない限り大丈夫
そして仮に消えても再びつくから何も心配いらないよ
今この瞬間と未来しか私たちは未来を描けないんだから
自分自身に勝つしか心強くあるしか解決の糸口はみつからないよ
Y.F　Asae



帰りました。

翌朝、いつものように出勤し、Sさんに挨拶をしようと、お部屋に行きました。するとい、いつもあるはずの、Sさんが息子さんと笑って一緒にうつっている写真、Sさんが描いた、いつも自慢している油絵、若いころからの愛用の洋服ダンス、お気に入りのコップ、決まった場所に置かれていないと怒るひざかけ、奥様からの結婚記念日のプレゼントの色あせた時計。こうしたものが、まったくなくなっていて、ただ清潔なシーツで整えられたベッドだけが、殺風景な中にポツンと置かれていました。

いったい何が起きたんだ?

Sさんは、亡くなったのです。

私が帰ったあと、昨夜のうちに緊急入院。そして容態が急変して、朝方、亡くなられたのです。

「私は、Sさんに対して、何をしたら良かったのだろう?」

こういう状況のとき、こういう想いを私も持ったし、同じように持つ同僚もいました。人は、どんなに最善を尽くしても、明日どうなるかはまったく予想ができません。わかるのは、いま何ができるのか、ということだけです。



自分を満たせて
素のままの自分が素直に出せる社会
そして
周りのみんなもそんな風になれる社会を創れるようにしたい……
幸せなスーパー癒しレディ”いずみん”

私は街を流れてゆく
様々な人の流れの波間を
様々な思いが交錯する街を
その思いに応じながら、かわしながら
その思いが幸せの方向に
向かうであろう事を祈りながら
た〜る

鬱になって視野狭窄になって、
薬だけを飲む日々が続いて、
「明けない夜は無い」なんて言われたけど馬耳東風。
肉体が存在することすら、きっと、迷惑だと思って、
ヤバイことをしたことも多数。
しかしそれでも日々は過ぎ、時間は経ち、未来に進み。
夜は薄明かりを帯びてきた。
生きててもいいのかもしれない。
生きてるだけでもいいよ、と言ってくれる人と出会えたのも、
存在し続けることを選んだから。

とりあえず、躊躇おう。
とりあえず、死ぬのは寿命に任せよう。
とりあえず、今をやり過ごそう。
とりあえず、何とかなってしまうからさ

天然石スピリチュアルデザイナー　日登見



ゆっきのときもそうでしたが、だれにとっても明日が来る保障はありません。いまの延長で同じ明日が来ると思っていたら、大間違いです。

ケアをしているときに、たまたま自分がイライラしていて、その感情を言葉に出してしまったら、それがその人にかけた最期の言葉になってしまった。隆太にもそんなことがありましたが、本当に後悔しました。何で、俺はあのとき、もっと優しい言葉をかけてあげられなかったんだろう……って。

おかげで、「もしかしたら、いま話しているこの瞬間が、この言葉が人生の最期のものになるかもしれない。いま、この一瞬を大事にするということを意識して行動しよう。人と関わろう」、そういう気づきをいただいたのです。

福祉の世界は、やりたいことがやれて充実していたのですが、何か物足りない、という思いがあったり、給料が安いということや、常に利用者といるので休憩時間が取れないということもあって、自分の中でだんだんと不満も募ってきていました。



やろうかやるまいか、迷ったときは、すでにやりたい気持ちがある証拠。
やらないでする後悔よりは、やって後悔しよう。
人生、やりたいことが全部できるほど長くはないし、チャンスが２度回ってくる保証もない。
そのことをできるのは今しかない、という気持ちを持って、あらゆることに臨んでいきたい。

しょぼんぬ

"「私は特別。あなたも特別。」＝「みんな普通」"

smileflower

しあわせの種は誰にももっている。そして、それは人それぞれ違う。
しあわせだと感じる思いが、こころがしあわせの道へと導いてくれ、輝かせてくれることでしょう！
高畠真由美

イキイキと、自分らしく生き♪
悔いのない人生を、毎日生きぬきます。
ごとっち

No Rain,No Rainbow
雨が降らなければ、虹はできない
四つ葉のクローバー☆



## 六　傲慢《ごうまん》さへの注意

セミナーは好きで、いろいろと行っていたのですが、よく一緒に行く仲間の、「りゅうちゃん、セミナーやってみたらいいじゃん」っていう一言から、私の人生はさらに展開していくことになります。

私は、セミナーは受けるもの、という認識で、自分が開くなんて考えたこともありませんでした。自分がセミナーをする側……？　考えられない。そう思って仲間に、「何言ってんの～？」って返して、それはそこで終わりました。でも、一度ならず、ほかの仲間からも、

「もうたくさんセミナー受けてきているんだし、今度は自分が話す方に回る側じゃないの？」

「りゅうちゃんの話、聴きたい人たくさんいると思うよ！」

っていうように、何度も「セミナーやってみたら？」攻撃を受けて、

「こんなに何度も言われるんだから、ひょっとしたらできるのかも。じゃあ試しに一回やってみよう。話したいこともあるし」



真隣で愛しき睫毛の影眺め注意するのはモードの切り換え
実などない想い伸びては枝渡り蕾を付けた桃色の恋
消しゴムを拾う振りして乗り切った脳を揺るがす君の登場
喉元に詰まる塊溜め息をはきだしても尚胸に居る君

ふと感じるすきな人の視線や温もり
自分で頬をペシペシッてしばいて
仕事モードに頭をもどすけど
投げかけてくれる罪な笑顔にやられて
ますますおちてゆくこの想い
素知らぬクールさを保ちたいのに
今日も不意に目が合う
そんな動揺と恋の甘い切なさ
苦しいながらもパワーを与えてくれる大好きな人
好き過ぎて素直になれずもどかしくて
たとえ会えなくなっても
あなたに出逢えたことが私には宝物です
月の歌姫（短歌人）

『君と一緒にいる方法』
私と一緒にいる方法
空を見上げて
風を感じて
コトバを乗せて
あなたに触れる方法
少し日の当たる
森の中を裸足であるいて
そこで見つけたものに
そっとそっと触れてみて
君に抱かれる方法
新月の下で
あかりを音を消して
瞳を閉じて
自分の鼓動を感じて
いつもどこでも
そばにいるわ

suzu yo → ko

もし、あなたの目の前にトラブルが起きたとき、
『今』の自分を、あるがままに観てみよう。
そして、あるがままに受け入れてみよう。
それは、痛みが伴うことかもしれないし、
すごくつらいことなのかもしれない。
でも、それをさからわずに受け入れたときに、
あなたにきっと、素敵な『プレゼント』がありますよ。

earrame

そう思って、やってみることにしました。

まず、セミナーで伝えたいことは何だろう?って考えました。そもそも、セミナーのタイトルすらないわけですから。「松田隆太セミナー」じゃ、何のひねりもないしな。

隆太はいわゆる成功者ではない普通の人間です。その自分が伝えられるとしたら、自分のように普通の人、つまりだれでもキラキラ輝けて、ハッピーになれるんだっていうことなのかな。伝えたいことを考えているうちに、そんな気持ちが大きくなってきました。

自分は、さんざん人生に迷っていたけれど、気づいたら仲間もたくさんいるし、自分の好きなことをやっているし、幸せでいることに気づきました。それは、天使か何かが急に降りてきて、「あなたはハッピーなんですよ♪」ってささやいたわけでもなく、いつの間にか、そういう自分になっていたんです。

感覚で言うと、ハッピーになるのは、自転車に初めて乗れたときのような感覚です。自転車に乗るときって、初めは何度も何度も転んでは起きて、の繰り返しですよね。でも、いつの間にか乗れるようになっている自分に気づきます。

じゃあ、何がきっかけで乗れるようになったのか?っていうと、その瞬間はわからないのです。そして、一回乗れたら、また乗れない自分に戻ったりしま




京都生まれ京都育ち。恋の短歌人。
私の経験から感じることや
自分に取り込んだ格言的なものを紹介。
幸せは与えられるものではなく自分のなかに築くもの。
笑顔は誰にでもできる最高のボランティア。
ユーモアが世界を変える。
自分のものさしで自分を計る。
この三次元は鏡で出来ている。
自分発キラキラ☆。
一つ一つクリアして行く。
結果はあとからついてくる。
押してみた?。
いつでも引き出せる。
私にしかない使命。
みんな人生の主人公!

短歌一部紹介。
駆け引きも足し引きもなく今此処に存在してるきみの嬉しさ

人は皆、幾千の本当を持っている
同じじゃないから悲しくて、同じじゃないから愛しい
悲しみの果て
静寂のかなたから降り注ぐヒカリを知っているから
ザワメキの螺旋の中を　人、人は歩いてゆくのでしょう
夢 幻とどこかで知りながら…
ほら、ごらん　いつかキエユク　愛に満ちた　このマチを
本田ちゃぼ



せんよね？　人生の幸せに気づくっていうのは、そういう感じなんです。特効薬があって、これを飲めばハッピーになるよっていうのは、きっと変な薬です（笑）。気をつけてくださいね。

隆太は、二十代のころから各種セミナーやイベント、交流会などに行ったり、本を千冊弱読んだりして、かれこれ八百万円くらいは、いままでに投資してきました。でも、私みたいに投資するのは難しいと思いますし、そこまでする必要はないので、オススメはしません。でも私は、その中からたくさんのことを学びました。

それを自分の言葉で、だれにでもわかりやすくお伝えできたらと思って〝キラキラハッピー〟を略して、「キラ☆ハピセミナー」というものを始めることにしました。

諏訪ゆう子先生の笑顔セミナーというセミナーに通って、諏訪さんにセミナーの基本をたくさん学びました。そして、初開催にあたっては、その仲間たちがたくさん応援してくれたおかげで、満員御礼となったのです。

夢、自分、幸せ、人間関係……など、人生に役に立ちそうなことをテーマに話したところ、予想以上に好評でした。そして、「またやってほしい」っていう



犯罪に近いことを平気でしてしまう子供たちは、周りにあまり人がいないから命の実感がわかないのだろう。上と下にしっかりはさんでもらってないから、自分がこれからどうなるのか、自分はこれまでどうやって来たのかわかんないのではないか。「今が大事」とはいえ、「今」だけでは、生きるには不安定すぎるのだ。横だけでなく縦もつながってこそ、人は安定する、だから、赤ちゃんだって両親はもちろん、できるだけたくさんの人に抱いてもらうのが１番でないかな。親族の方、近所の方、見知らぬ方、いろんな人に笑顔で抱いてもらって、たくさんの写真とぬくもりを残そう。僕のアルバムには、祭りで神輿をかついだお兄さんに抱かれた小さい僕の写真がある。ひそかにお気に入りの写真だ。疲れた体で、見も知らない僕を笑顔で抱いてくれているのが、自分の存在を他人が喜んでくれているようでうれしいのだ。
HOME

元カレへ☆私にとっては楽しくて、本トにずっと一緒にいたいと思える人でした★
でも別れる前からはキツい事しか言えなかった。最後は八つ当たりみたいになってしまった。
何もないって思ってたけど、それなら他の女の人と切って欲しかった！
同じ事を繰り返すだけだから別れたけど…最後にはやっぱりひき止めて欲しかった。
もし戻れるなら戻りたい!!楽しかった時に★心から笑えてた時に☆

さやか

声もあり、「やるときには、私をゲストで呼んでくださいね」っていう人もいて、自分が動いたことで、世界が動き始めました。

「そうか、セミナー講師になるっていうのも、おもしろいな」と思いました。

ただそのときは、漠然と思っていたのですが、自分がまさか続けてやるようになるとは……。

その後、何回かゲストの人も呼んで、セミナーを開催し、それもまた満員御礼となりました。そこで出逢った仲間も、どんどん増えていきました。りゅうちゃんのセミナーに来てよかった……と言ってくれる人がいました。自分自身では、すごく順調に行っているように見えました。

そうしたある日、ゲストでもお話ししていただいた、仲間のエンジェル・カズキさんが隆太に言いました。

「りゅうちゃん、いま、キラ☆ハピ仲間、離れかけてんで」

何があったのか、よく状況がつかめませんでした。ショックでした。

「自分で気づいてへん?」

と続けました。そして、

「りゅうちゃんな、俺はいまからりゅうちゃんに『注意』をするで。注意っていうのはな、神様の「意」を「注」ぐっていうことだからな。攻撃しているのとちゃ





何かと、子供たちの信じられないような凶悪な事件が立て続けに起きて、「命」の教育が叫ばれていますが、教育ができることは、経験から気づきをえやすくすることには有効だけど、即効性はないかもしれない。
人が変わるのは「実感」があってこそ。
人は老若男女全世代の人と関わるべきだと思う。
まわりに、子供を宿した女性がいて、人を頼りに無防備なまま生まれてきた赤ん坊がいて、青春真っただ中のお兄さん、お姉さんがいて、社会と家との間を錐もみするおじさん、おばさんがいて、いつ永遠にいなくなってもおかしくないおじいさん、おばあさんがいて……、会うと、みんなが挨拶して、声をかけてくれる。
そんな環境で、自分のことをないがしろにしたり、他人を踏みにじったりするような人になってしまうのは想像ができない。

今の世の中は、犯罪者や自殺者が増えつづけていて、本当に生きてくのが怖くなりました。
今いじめに遭ってる人、死のうとして思い留まってる人、いじめてる人、人を殺そうとしてる人、見て見ぬフリしてる人、両親から虐待を受けている人、子どもに暴力をふるってしまった人、人を傷つけてしまった人、ただ何も考えずに過ごして自分を見失ってる人、未来に希望が持てない人、すべての人に伝えたいことがあります。
すべての人に、生まれながらにして優しさは宿っています。そしてその優しい心で生きるのか生きないのかは、アナタ次第！
そして、「その人にしかできないこと」が必ずあります。それは、決して特別なことではありません。しかし、アナタにとって価値のあることです。
日々、「自分にしかできないことって何だろう？」「自分は何がしたいんだろう？」って、自問自答をくり返してみたら、自分なりの答えが見えてくるかもしれませんね。

アナタと共に輝き隊　磯野ワカメ歯ユジュカ



うで。何で離れかけてるのか、わかるか？」

さっぱりわかりませんでした……。

「りゅうちゃん、いま、むっちゃ傲慢になってんねん。謙虚さ、感謝がなくなってる。キラ☆ハピセミナーが満員になってうまくいってるのは、別にお前の実力ちゃうで。俺や他のゲストの人や、応援してくれている人たちみんなに助けられてるんや。それをお前一人でやったと思ったら大間違いやで。勘違いするなよ」

ガツンと、後頭部を思いっきり殴られたような衝撃を受けました。隆太は完全に浮かれあがっていた。天狗になっていたのか。ほんとだ、感謝と謙虚さを忘れてた。俺はいったい、何を見ていたんだろう。ちょっとうまくいった程度で有頂天になっていたのか、気づかずに……。

そのころ小林正観さんという人の本が気になっていました。そこに、「謙虚さと感謝を忘れた人は、上がったあと、魔坂《まさか》という名の坂を転がり落ちる」という話がありました。そのとき、まさに隆太がそうなろうとしていただなんて……悔しくて、泣きました。



私のテーマ
面白いと感じたものにチャレンジ
で
チャレンジした結果
「あ～ぁ、しなきゃ良かったかなぁ」
って思うこともあるわけです、はい。。。。。
でもね
してなかったら
「あの時やっていたらどうなっていたんだろう？」
って未練がまとわりつくから
とりあえず、しとけばいいんだっ！！
はじめてやることだもん、
失敗して当たり前
はじめから成功することなんてない
そう思って
チャレンジしていこっ！！

失敗大歓迎　もっちーな

絵がうまいねー
↑好きなことをほめられる
高校生　（長野在住）

無理しないでね
高校生　（長野在住）

やれることをやったのなら
後悔はしないよ
高校生　（長野在住）

お疲れ様でした
石田　（長野在住）

わらってる方がいいよ
高校生　（長野在住）

一緒にいて楽しいよね
高校生　（長野在住）

がんばるのは一生
あきらめるのは一瞬
高校生　（長野在住）

一緒のクラスになれてよかった
高校生　（長野在住）

ただ、そこで、エンジェル・カズキさんが、そうやって言ってくれたおかげで、魔坂を転げ落ちるギリギリのところで踏みとどまって、応援してくれた仲間に本当に感謝ができるようになっていきました。

もしカズキさんが、そのとき注意をしてくれていなかったなら、この本は当然出ていないし、セミナーやワークショップなどもしていないでしょう。仲間もどんどん離れていって、二十代のころビジネスで失敗したときのように、孤独になっていたことでしょう。また、カズキさんの言うことを聞く耳持たずに受け流していたなら……と考えると背筋がゾッとします。

カズキさんのしてくれた「注意」は、自分に対する最高の「応援」だったんだ。本当に応援してくれている人だから、わざわざ注意をしてくれたんだ、と気づきました。そのおかげで命拾いをしました。感謝の気持ちも自然に湧いてきました。厳しく言ったのは、自分がそれくらいしないと聞かなかったからでしょう。きっと他にも、柔らかい言葉で言ってくれていた人はたくさんいたはずです。プロゴルファーのキタちゃんのように。小林正観さんの存在を知ったのも、仲間の純ちゃんがいたからですし、セミナーをやるときには、いつも応援告知などをしてくれる「愛の折箱日本一」のおざりんを始め、本当にたくさんの仲




【子どもたちへ】
「ありのままの姿でいい」なんて偽善だと思っていた。
子どもたちにそんなことを言っていいのかわからなかった。
だけれど、私をどんなに傷つけた子も私は大好きだ。
天使なんかじゃない。
かと言って悪魔でもない。
子どもが好きなわけでもない。
そのままの君たちが好きなんだ。
いや、大好きだよ。

藤井先生

ある日、彼女が言った一言
『一人じゃね、辛いこと、悲しいことは丸々自分で受け止めるしかないけれど
二人一緒にいれば、辛いことや悲しいことがあってもお互いに分け合って
二分の一や三分の一になって楽になるんだよ。』
『楽しいことや嬉しいことは二倍、三倍に膨らんでいくんだよ〜♪』
さすらいの旅人　りゅうちん



間がいて支えられていたんですよね。

こうした後、二〇〇八年から、福祉の世界を離れて、個人事業主としてやっていこうと決めました。

福祉の世界は、決して楽な世界ではありません。一方でセミナーも、準備から当日まで、やることはたくさんありますし、手を抜きたくもありません。順調に行けば行くほど、両立するのが大変になります。そこで、どちらの世界で生きるかを考えたとき、「自分の好きなことを活かして、楽しく思い切り自分の力を発揮できるのは、セミナーやイベントなどをやっているときだ」と感じました。福祉の世界では、たくさんのものを学びましたが、いずれ卒業するときが来ると予感していました。いまがその選択のときだと思ったんです。

給料が高くなかったのもあり、卒業するための障壁は高くはありませんでした。もし給料が高かったら、独立していなかったかもしれません。そうしたら、いまの自分や仲間はいないでしょう。一見その場ではうまくいっていないと思えることも、あとから見たらそれがベストだったんですね。



とりあえずでいいからやってみなよ？
やりもしないで諦めちゃダメだよ。
始めは嫌々でもいいから何事もとりあえずやってみよう。
「できない、無理だ」はやった人が言う言葉。
何もしてない人に言う資格なんてない。
ほら、意外と簡単でしょ？
あなたにだってできたじゃん！
「とりあえず」は魔法の言葉。
大学生　Akihiro.U

『人生、らせん状に進む』
真っ直ぐ進め進めと言われ、険しい道のりをかき分けて
苦しい思いをしながら進む事はない。
ただ、気が向く道（未知）を選んで進んでいけばいい。
あっちへ行ったりこっちへ行ったり、時には停まり時には走り・・・
大小様々好きな色でらせんを描けばいい。

食医の卵 こう♪之助

こういう時は、泣くしかないよ。
泣くしかない。
でも最後はちゃんと立ち上がって、
笑って生きて行こうよ。

Yuki

## 七 両親への「ありがとう」の魔法

こうして独立して、自分で事業をやり始めました。サラリーマン生活を離れて、思い切り、自分の人生を自分の力で創っていけるんだ！　ものすごい解放感でした。だれにも何も言われることはない、縛られないんだと。

本当にうれしかったです。そして、勢いもありました。

ただ、一つ問題がありました。

自分のやっていることを両親に話していなかったんです。福祉の世界でやっているし、このままやっていくんだと両親は思っていたことでしょう。二十代のころにも、何度もビジネスを始めては失敗しているのを知っているので、セミナーを始めたことをもし話したら、何て言われることか……という不安がつきまとっていました。いつ話そうか……と、思いあぐんでいました。

いきなり、「セミナーをやっているんだ」って言っても、怪しいことをやっているんじゃないかって思われそうな気がしました。

どうして、両親からそんなに信頼がないのか？って考えました。たまに会っ



心配症の、キミへ・・・
ほんと 心配って、絶えないよね。
キミの優しい気持ち　いつもありがと。
今日は、心配を少し変えて、他の人や物 すべてに『心を配ろう』
きっと、『心配り』がまわりまわって 他の人やキミの笑顔に変わってゆく。
『キミにしかない心配』だからこそ『キミにしかない心配り』

bluemoon-happy.8『SHOJI』

千回学ぶより、１回やってみましょう！
自転車に乗る方法を千回学ぶよりも、ためしに１回乗ってみる方が早いのです。
咲桜佳美

て話しても、いつもお互いに感情的になり、攻撃的な口げんかになってしまっていました。どうしてわかり合えないんだろう……本当はわかりあって、もっと仲良くしたいだけなのに、もっと笑顔でいたいのに……。

そこで隆太は、両親に対して、口で言おうと思っても言いたいことは言えないからと、手紙を書くことにしました。これなら、言いたいことが全部伝えられる。

いままで育ててくれた親に対する感謝と、過去に秘密にしていた三〇〇万円以上の借金生活をしていたこと、いまやっていることの告白を、手紙を通してしました。

それは、便箋にして、十一枚もの枚数になり、四時間ぶっ通しで一気に書き上げました。まったく休みなく。

いま、すごく幸せで、毎日が楽しいと。そして、思いつくままに、ありったけの感謝の言葉を書き連ねました。いろんなことを書きました。

たとえば、こんなことです。

いままで、言うことも聞かず、さんざん迷惑をかけたのに、辛抱強く育てて

なんかおかしいね　お前が死んだの　もう一年半も前だろ
おれ、いま涙がとまらないよ　不思議だね
ずっと前に死んでいたのに　おれの心にはずっと生きていたんだね
でも良かった
これからもずっと心の中に生きていてくれるってことだから
死ぬ前に、連絡よこせよ！
おまえに限って死ぬわけなんてないから油断してたじゃね～か
そんな連絡　いるわけね～けど　会えないよりましだ
意識がなくなって、日本からとうちゃんかあちゃんおおあわてできたとき、
涙を流したんだってね
きみはすっげえ強いけどすっげえ寂しがりだもんね
それを聞いてホッとしました
太陽のように明るい笑顔で　信念を貫いて生きたきみ
どれだけの人が勇気をもらったのだろう
ずっとずっと遅れをとったけど、
ぼくも信念を貫いて生きていく覚悟をしたよ
だから一番きみに　みてほしかったんだこれからのぼくを
みてくれてるね
またあした
クローバ

今『正解』と想われていることは全て、
だれかが昔ひらめいた『アイデア』が始まり。
いま常識じゃないことも、
前例がないことも、
言い続けたり、実行し続けたりしたら、
それが当たり前になることもある。
地球が丸かったように。
だから、不可能そうでも、非常識でも、大丈夫（^^）
やってみないと、分からない！
やってみたらどうにかなるかも！？
だからやってみよう♪

信念のきっかけクリエイター sara

くれてありがとう。

いつも、身体がつらいときでも、掃除、洗濯、料理をしてくれて、ありがとう。

ここに行きたい！とわがままを言う俺を、好きなところへ電車で連れて行ってくれてありがとう。商売やってて疲れているのに、つきあってくれてありがとう。

世界一おいしい、煮込んだカレーライスをいつも作ってくれて、ありがとう。本当に、おいしかった。

真夜中に帰って来ようが、朝帰りになろうが、ごはんを用意してくれて、ありがとう。時間を言わないから、起きていてくれていたり、いつもせっかくのごはんを冷ましてしまったよね。

最高の教育をしようと、すごく高いお金をかけて、立教小学校に入れてくれて、ありがとう。おかげで、キリスト教の教えを潜在的にたくさん知りました。豊かな智恵をたくさん手に入れました。

「先に与える」

「自分がしてほしいと思うことを、人にしてあげなさい」

こんな言葉がいまに活きています。

家も継がずに、まともに会社にも入らずに、自分の好きな道を選んだのに、




人生は、〝ギャグ〟だ！

埼玉に住んでる目黒

何時も明るく、笑顔で可愛くね
N・S

逃げてもいい
これで全てが終わるわけじゃない。
今ここにいるだけでいい。
だってまた　はじめられる。
デザイナーの卵　さや

泣きたいときは泣く。
言い訳を取っ払って、欲しいもの、やりたいことをしっかり見つめる。
ほんのちょっとでも動いてみる。
「**できない」は言えへんように。
素直に受け止める。
今までだって乗り越えてきてんから、いつか乗り越えられる。

もう生きていかれへんって思った、つらい時期に得たこと(・∀・)

Q



自由にさせてくれて、見守ってくれてありがとう。

友達を呼んでさんざん迷惑をかけたのに、みんなをいつもあったかく迎えてくれて、ありがとう。いつも、何かをこぼしては、じゅうたんをダメにしていたけど、気を遣わせてしまったけど、友達は、いつもすごく喜んでくれたよ。松田の家は楽しいって。

何不自由なく、東京のステキな家で、育ててくれてありがとう。どこに行くにも、すごく便利だよ。

ファミコンのソフトを、ものすごい数、買ってくれてありがとう。おかげで、友達が、たくさんできました。

いろんなことで騙されたりしていた自分のことを、最後は信頼してくれて、ありがとう。りゅうたのやることだからって。

いま、自分は、最高に幸せな人たち数百人以上に囲まれて、いつも笑顔で、助け合って、楽しく生きています。そんないまの自分になれたように、育ててくれて、ありがとう。

俺のことを、生んでくれてありがとう。

生まれてきて、よかったです。



あの時 死ななくてよかった
あの時 一歩が出なくてよかった
あの日のおかげで
あなたに会えた
あなたのおかげで
また人間を信じられるようになった
喧嘩もするけど
今は多分
人類で一番幸せ
としひこさん、ありがとう
あなたの妻より

ひとみ

『あなたはあなたのカラーでいい!』
すべての人が光の存在
それぞれのカラーで光輝いて☆
こころアートコーディネーター　小玉恵美子

人は分かっていてもやらないことがあるから、
人生を自律できない。
人生を自律しよう。夢を自律しよう。
人のせいにするな。自律しよう。
人生の九割は自律できる。
残り一割は天からの声、宿命である。
天からの声こそが、天職、vocation である。
vocation の語源を調べてみよう。
そう、運命はセルフコントロールできる。
もう、自分探しの旅は止めよう。
自分を自律しよう。夢を自律しよう。
人生を自律しよう。

キャリア発達ファシリテーター KT Minegishi

お父さん、お母さん、おばあちゃん。大好きです。

いま、最高に、幸せです。

二つだけ、お願いがあります。

自分を信頼してほしい。

家族のみんな、思いやって仲良くしてほしい。

そう、お願いしました。


手紙を出した翌日、両親と、祖母から電話がかかってきました。

そのとき、留守電でした。

「りゅうた、電話をしなさい」

と入っていました。喜んでいるかと思いきや、すごく深刻な声でした。変なこと、書いちゃったかな……。

電話をすると、

「どうしたの？　いったい何があったの？」

と返ってきました。どうやら、山のような感謝の言葉を見た母親と祖母は、




いきる～
自分自身を精一杯＊
私たちは、だれも、みな、自分自身でいいのです～
自分の役割り、自分の使命、自分の天命に触れたとき、
あ～　よかった　って
そのよかったを　一人でも多くの人に　感じて欲しい～
伝えて欲しい～
ああ　よかった　　ありがとう！

VIVA ！ちゃん

『神様は、その人に
乗り越えられない壁は
与えられない』
そう励まされるのも
苦しくなるくらいに　つらくって…
ずっと、もがいてた…。
だけどねっ…♪
大きな大きな、その壁は…
“こんにゃく”だった（笑）
目の前に立ちはだかってると、
でっかいでっかい
ただの壁にしか見えなかったけど…
ある時…
くにょ～ん
って曲がってくれて…
ぽよよ～ん
って、次のステージに
乗っけてもらえたの（笑）
こんにゃくちゃん♪
ありがとう☆
1111人の天使ﾌﾟﾛｼﾞｪｸﾄ ∞咲愛里∞



隆太の意図とは反対に、隆太が自殺をする前の遺言だと思ったようです（笑）。

でも、隆太は、母に、

「その真逆だよ。俺はすごく元気だから、感謝を伝えていなかったから、いま、伝えたいって思って書いたんだよ。いまは元気だけど、いつどうなるか、わからないでしょう？　事故があったり、病気があったり。明日、自分が死んだりしたらイヤだから」

と答えました。すると、母は、

「何よ～。心配しちゃったじゃないのよ～！　も～。おばあちゃんは、あなたが自殺するんじゃないかって、（亡くなっている）おじいちゃんに、仏壇の前で泣きながらお祈りしているわよ。おばあちゃんにも、早く電話してあげなさい。あなたの家に、いまにも行こうとしているわよ」

心配してくれている母の口調は、前のままだったら、すごくトゲトゲしいものだったにちがいありません。しかし、この日は、とても冗談めいた、ホッとした、安心感、愛のあるものでした。

前なら、いま、セミナー講師をやっているなんて言ったら、「絶対にあんたなんかにできるわけないわよ！」という感じでしたが、完全に受け入れてくれていました。



人間はHappyになるために生きてるんだ
QA

毎日が誕生日のようにたのしいことばかりありますように☆
IKU＋

大丈夫、お母さんがついているから。

山本

明日は学校来いよ！

野田

お帰りなさい。

宮澤

母の態度は、まるで魔法にかかったかのように変わっていました。

これを聞いて、

「あっ、心がつながったな」

って感じました。祖母にも、

「自殺じゃなくて、その反対なんだよ。いま、すごく幸せでうまくいっていることや、いままでの感謝や、言えずに隠していたことを言いたかったんだ」

と言いました。祖母も、

「がんばれ、りゅうた。人生はいろんなことがあるからがんばれ。大変だったら戻ってきなさい。ほんとによかった。電話をくれてありがとう。うれしかったよ。おばあちゃんもまだ元気でいるからね」

と。

隆太も、その言葉を聞いて、「自殺なんかするわけないじゃん。楽しいんだから」って、笑いながら言えるようになっていました。いつも会って十秒たてば険悪なののしりあいをしていた母に、すごく自然に、友達に言うように言えていました。

父は、そのころ、少しずつわかりあえてきていたのですが、母が一番の難関だったんです。





「世の中で　一番美しい事は、
全ての物に　愛情をもつことです」
福沢諭吉　心訓より
あなたの愛がすべての人をキラキラ輝いた光で包みます。
私から、あなたに愛を贈ります。ココロを込めて。
Liberty Bell 鈴木　史恵

出逢いのひとつひとつが心の糧となり、身となり、
私のなかに脈々と波打っているのを感じる。
ときにそれは焦りやプレッシャーとなり
自分の前に壁となって立ちはだかるかもしれない。
でも、その壁を乗り越えたとき、
きっと違う自分に出逢えるだろう。
おはぎ

僕が教えているレスリングクラブの幼稚園生から、
メッセージを集めました♪　よろしくお願いいたします。
コンソメＷパンチ安田

しょうがっこうにいってもレスリングがんばるよ
りゅうせい

さいごまであきらめないでがんばるよ
かんた

かぜにならないでれんしゅうをやすまないよ
れんたろう

なかないでしあいがんばるよ
ともあき

おとうさんおかあさんのいうことをきくよ
きょうすけ



祖母は、前はニコニコしていたのですが、ここ数年は、いつも険しい顔や口調でした。でも、その日は和らいでいました。

そんな電話を駅でしていて、切りました。

いままでの誤解から生じる、すれ違いやズレを修正して、いままでの感謝を伝えられました。もう大丈夫だ。これから良くなっていく。

そんな確信がありました。

すると、その数日間、何となくやる気が出なくて、そのときまで倦怠感があったのですが、電話を切ったら身体も心も、ものすごく軽くなっていました。何となく続いていた、眠かった意識はスッキリと冴え、周りの景色は鮮明になりました。

十年以上クリアできなかった、人生最大の両親との問題がクリアできた、と感じた瞬間でした。重い重い、心のブレーキがとれた瞬間でした。

いままでどんなにやっても解けなかった問題が、一瞬で解け、奇跡が起きた瞬間でした。「ありがとう」の魔法が、奇跡を引き寄せました。もし、まだ「ありがとう」の魔法を使っていないのなら、ぜひあなたも、一番大切な人へ使っ



私に、かけがえのない大切なことを
気づかせてくれた。
伝えたい。
　あなたは、今、この瞬間、確かに生きている。
　あなたは、今、この瞬間、必要とされている。
　あなたは、今、この瞬間、生きている意味がある。
がんばろうね！楽しもうね！
生きること。
働くこと。
遊ぶこと。
学ぶこと。
食べること。
寝ること。
話すこと。
全部全部、楽しもうね！！！！！
キャリア・コンサルタント　のり @HappyCareer

自分を満たせて
素のままの自分が素直に出せる社会
そして
周りのみんなもそんな風になれる社会を創れるようにしたい……
幸せなスーパー癒しレディ”いずみん”

笑顔の相乗効果
「お姉さんは笑顔がいいから許しちゃう」
ミスをした私へのお客様の言葉
その一言が私の笑顔を増やす
これからも笑顔で頑張ろう
自分の笑顔に自信がもてた日
接客大好き学生アルバイター　やすは



てあげてみてください。心をこめて。

そして、ご先祖様への感謝のお墓参りや、神社へのお参りもいままでまったくやっていなかったことに、仲間を通して気づきました。本当に自分の力だけではなく、いろいろなものに護ってもらっている。その存在に感謝をするようになりました。

こうした一連の流れがあったころ、不思議なことに、それまで数年間彼女ができなかったのに、突然できました。仕事に励み、親とも和解して感謝していると、彼女はいてもいいし、いなくてもいいっていう軽やかな状態になっていました。執着がなくなっていたようです。こういう状態だと、うまくいきます。

あとはいよいよ、セミナーをやっていることを両親に見せる番です。説明をするより、仲間ごと見てもらった方がいいと判断しました。その姿を見せることが一番のメッセージだと。「自分の生きる道はこれだ」と示したかったのです。関係が良くなったところで、両親に、「俺はこれで生きる。だから見届けて欲しい」と伝えたかったんです。

恐いと思いながらもセミナーに誘ったら、「わかった」と来てくれることになりました。覚悟を持ってセミナーに臨みました。



気づけてよかった。
命が有限であるってこと。
気づけてよかった。
人は、こんなに優しいってこと。
気づけてよかった。
「今この瞬間」の繋がりが人生だってこと。
気づけてよかった。
人は、こんなにがんばれるってこと。

気づけてよかった。
愛が、人をこんなに変えるってこと。
２００１年９月１１日、
アメリカの同時多発テロと共に
私に訪れた”同時多発テロ”。
急性骨髄性白血病。
その病が、
その病との闘いが、

自己責任の気持ちが社会を、未来を明るくする
カオル
やっとわかった。
ひとは、ひとを愛する為に生まれてきたんだってこと。
藤沢篤

それまで、自分のやっていることを両親に見せたこともなかったし、ぶっつけ本番でのDVD撮影もあるし、あとに引く場所はありません。

そして仲間も、両親をも呼ぶほどのセミナーを私も見届けたい！ということで、キャンセル待ちにまでなりました。

そして、セミナーが終わったとき、両親も、

「いい仲間に囲まれているのを見て誇りに思う。せがれをよろしくな！」

と、それまで見せたこともないような満面の笑みで挨拶をしてくれました。

そこで、私が天職を生きることに対する両親の許可がおりたような、そんな気がしました。覚悟は、神様からの応援、つまり「奇跡」を引き寄せました。

行ってらっしゃい
根岸
明日、学校休みだよ！
山辺
頭いいね。
高校生　（長野在住）
おめでとう！
宮澤

最近は本当にたまにしか会えないけど、
口ではいつもばかにしてるけど、
私の中ではやっぱり一番です。
いじめてゴメンね。
まだまだずっと元気でいてください。
さる

忘れたくないから、ビンに詰めて海に流そう。
記憶という海原を超えて、いつか戻ってこいよ。
僕の元へと戻って来い。
大切な 大切な 僕の想い　僕の思い出
Tomcat

# 八　夢をみんなで「ひとまとめ」にする

こうして、またうまくいくようになってきました。

全国でセミナーをさせてください！とお願いをしたら、興味を持ってくださる方がいて、キラ☆ハピセミナーも全国へと展開することになりました。自分のやりたいことは、人に伝えないと実現しません。逆に出していけば、実現していくんですね。それを実感したことでした。

そのころ、新たな問題が出てきました。それは、競争相手の存在です。と言ってもこちらが後から参入したのですが。

活動を広げていけばいくほど、仲間が重なってきます。類友の法則で、同じ興味を持っている人たちは、同じところへ行くのです。二〇〇八年の途中で、ソースワークショップと呼ばれるワークショップのトレーナーの資格を取り、これを軸に展開していこうとしていたところでした。

そうなると、非常にやりにくいことになります。仲良くやっていきたいと思いながらも、お客さんの奪い合いとなってしまいます。隆太はそんなことは望




大事なのは自分のちからで
自分を生きること
自然に優しく
ひとに優しく
短い人生の中の
『いま』一瞬を大切に。
冨島裕子（ゆうこリン）

今日の努力
すぐに結果は
出ないかもしれない
今日の小さな努力と
明日の小さな努力
そしてあさっての努力
無駄な努力なんてない
いつかは身になるから
君の頑張りは
きっと誰かが
見てくれてる
ちょこまい

やってみればいいじゃん話はそれから
ペガサス Roco

お部屋に緑を
花や草木がお部屋を癒してくれますよ♪
お部屋はあなたの心です。
拓也

んでいませんでした。キラ☆ハピの理念から言えば、当然仲間に協力してあげたい。でも、ビジネス的には競争相手。そんな理想と現実の板挟み状態に陥ってしまったのです。

そして、共通の仲間が、その人たちの方へ流れていく……それは、自分の実力がないから仕方がないのだけれど、本当に悔しく、妬《ねた》ましい気持ちも生まれていました。彼らはビジネスもうまく回っている。仲間の結束力も強い。その仲間の支援をするシステムも創ってきていて、すごく高いレベルで調和がとれている。独自のブランディングを構築。悔しいくらいに、自分ができないことをこともなげにしている。

そうすると、自分は活動の舞台や対象の人たちを重ならない舞台に移した方がいいのか……そう考えるようになりました。

そして、やりたくなかったアルバイトもやらざるを得なくなるという経済状況。何より、アルバイトを併用しないと生活できないというのが、屈辱的でした。

そして、自分で自分を責めていました。

「どうする、これから？　またサラリーマン生活に戻るのか？　それとも、新しい活路を見出すか？」

いろんな葛藤が自分の中に渦巻いていていました。



全ては愛
はなみ

経験とは、、、
自分がやりたい、手に入れたい、と思ったときに、得ることができなかった、、、
ときに感じ得るもの。
Keiko

若者よ、しっかりせい！
ハッスルばあさん

いつか
きっと
みんな
こなごな
だから今、伝えなきゃ
その思いだけは
灰にならないんだよ
ねこめし

元気になってね。

中澤先生

私、まだ変われる。

華

そんなある日、その競争相手から、思いもよらない提案がありました。

「一緒に会社をやらない？」と。

あなたなら、どう返答しますか？　悩みませんか？

そのとき、隆太は、二つ返事で
「うん、いいよ。やろう」

と言っていました。自分でも驚くくらいに、あっさりと。

この競争相手であり、声をかけてくれたのが、いま、天職プロデュースとして同じ会社で一緒に活動をしている咲桜佳美さんと川口祐吾さんでした。

二つ返事に、冷静な佳美さんも、びっくりです。

「話、前から聞いてたの？」

「いや、聞いてない。いま聞いた」

こんな感じでした。それは、もう直観です。話をしていて、自分の気持ちに違和感があるかどうか、いい感じがするかどうか、確かめていました。それを感じたときに、あっ、大丈夫だと。

少し前の自分なら、協力するより、自分自身でちがう形で突破口を開こうと、




人生を 100 だとしてみよう。

楽しい時、嬉しい時は「ははは っ」(笑)。

で、(はっは) 8 × 8=64。

つらい時、悲しい時は「シクシク」(泣)。

だから、(シク) 4 × 9=36。

合計 64 + 36=100。

そう、人生には喜びの方が多いんだよ。

自分のハートを追いかける！　MORO

覚悟って　自分との約束なんだよ
生きる事も　覚悟なんだと思う
生きる事を　諦めそうな時
どうか　心に聞いてみて
生きる事を　諦めたい気持ちを同じくらいに
生きる事を　望んでいる気持ちに気付くから
大丈夫
覚悟は　いつからでも決める事が出来るんだよ
オリジナルメッセージアーティスト　きらり

２年間、本当に有り難うございました。何か残せたら良いなって思い書きました。
今回バラバラになってしまうけど、これからも繋がってると信じてます。

幸山 准子



頑張っていたかもしれません。自分ができないことをできる人を、認められなかったかもしれません。

しかし、「一緒にやろう」と言えた自分は、その過去の感情を手放すことができて、素直に協力できる状態になっていました。自分ができないことをできる人、そしてできない自分を認めることができました。

ああ、いままでのつまらないこだわり、想いから、卒業できたんだ。新しく、ステージアップができたんだ。そう思うと、自分でもすごくうれしくなり、その瞬間、心が軽くなりました。

自分に足りないものは、組織作り、金銭的ベース、ビジネスセンス、人を育てるシステム、管理、などいろいろありました。それを認めて、みんなから学びなさい。自分にしかできない才能をシェアしなさい。そう、神様から言われていると思えました。

そして、いまビジネスパートナーとなっている二人も、自分のビジネスをもっと展開していく仲間として、誘ってくれた。慎重派の咲桜さんにとって、隆太に対する誘いは、ものすごいチャレンジだった。そのことも、すごくうれしかった。



『今を生きよう』
僕らは　過去にも　未来にも　生きていない。
現在に　生きている。
今の自分を　形成しているのは、　過去の自分。良かったところも　悪かったところも。
未来の自分を　形成するのは　今の自分。良いところも　悪いところも。
だったら　今　何を　すべきか。
『今』に　集中できれば、辛い過去も忘れられる。
『今』に　集中できれば、願う未来も創造できる。
『今』を　精一杯生きよう。

Mr.myself　Tats

ひとりの寂しさ
自分の無力さ
分かっているけど
“自分はひとりじゃない”って知ってる人は
きっと変われる

紫

『生きている』
ってあったかい・・・
あなたのその手のぬくもりは
誰かの心を
あたためてあげることがきっとできるよ･*:.｡☆..｡.

なー坊

なら隆太は、その「頼まれごと」を受け入れたいと思いました。それが、お互いにとって、自分の器、これからの世界を広げていくことになるだろう、と思ったのです。

こうして新しい会社の創設メンバーになりました。園田義之さんも含めて。そして今、お互いに協力し合って、新しいステージに行こうとしています。そのステージは一人では登れず、仲間の協力があって初めて登れるステージです。自分自身ができることを出し合って、お互いに手を貸し合えば、一人ではできなかったことがカンタンにできてしまいます。かけ算の世界です。

この過程で、夢は一人で叶えるより、人とまとまって「ひとまとめ」になった方が叶いやすいということに気づきました。自分だけですべてをやろうとしても、一人でできることには限界があります。

みんなジグソーパズルのピースのように、凹凸がはまるようになっています。凹んでいるところが欠点というわけではないし、出っ張っているところが欠点というわけでもないのです。両方ともが、長所であり、必要なピースなんです。

隆太はいま、天職プロデュースという会社で事業をしています。内容は、その人のピースの形を知り、活かしていくお手伝いをすることで、そのジグソー




出来るか出来ないかじゃなくて、やるかやらないかだ！
村岡

やれば出来るじゃん！
赤沼

成長したなぁ
池田

何かあったら、相談して☆
山崎

元気出して次頑張ればいいじゃん
高校生 （長野在住）

結果より、内容だよ。
宮澤

何かを失ったことがあるから、
得ることの大切さがわかるように
人は何事も、マイナスを経験してから、
本当のプラスに気づくもの。
だから、赤ちゃんは、
笑う前に、まず泣くんだよ。
だから、幼い子どもは、
ありがとうを言う前に、わがままを言うんだよ。
だから、大人は、
大切なものに気づく前に、過ちを犯すんだよ。
そして、このマイナス⇒プラスの過程が
きっとあなたを強くしてくれるはず。

弥勒



パズルの絵を完成させていくことです。絵が大きければ大きいほど、たくさんのピースが必要になっていきます。でもできることはベイビーステップで、目の前の一歩ずつからです。

私の夢は、世界中の人たちが、キラキラ輝いて、ハッピーになることです。私の夢でもありますが、表現がちがうだけで、みんなの夢でもあります。

みんなそれぞれちがっていてもいい。
それぞれの人生にすべて意味がある。
もともとみんな、自分の中に幸せの種がある。

こういうことに、ほんのちょっとでも気づいてもらえたらという想いで、この本を創らせていただきました。

最後まで読んでくださったあなた、応援してくださるみなさん、ありがとうございます。これからもよろしくお願いいたします。



知ってほしい。
『命』という奇跡的。
母の胎内に宿り、とつきとおか落っこちずにしがみついていること、
この世に生れ出ることも、肺呼吸を始めることも、
一つ一つが奇跡なんだということ……知ってほしい。
『出会い』という奇跡。家族になれた奇跡。
友達になれた奇跡。知り合えた奇跡。
何十億分の一の確率で……
すべての『出会い』は必ず意味があり、奇跡なんだということ……
あなたに会うために生れてきた。
必ずそう思える人がいる。そう思ってくれる人がいる。
だから毎日笑顔で生きていきたい。
産んでくれた親に、出会ってくれた人たちに感謝して……
生まれてきた自分に、出会うことができた自分を心から褒めながら……。
たくさんの奇跡を起こしながら今あなたは生きています。
あなたは奇跡なのです・・。

miu

# あとがき

この本を改めて読んでみて、まず思ったのは、
「この本は、『ありがとう』のかたまりなんだ」
ということです。

本当にたくさんの人のご協力、応援、想いがあったからこそ、これだけのボリュームのある本ができあがりました。だから、一ページ一ページに感謝と想いがぎっしりと詰まっています。

本屋さんに行けば、もうこれでもかというくらいに本は置いてあります。

本は当たり前のようにありますが、その一冊一冊、それぞれたくさんの人が関わって作られています。そして、目に見えないたくさんのエネルギー、時間が込められているんだということが、自分が実際に本を書くということに関わることで、初めて知り、感じることができました。

もともとは、ブログやミクシィで自分の気づきを書き始めたのが始まりだったんですが、読んでくれる人が一人、また一人と増え、たくさんの方に読んでいただけるようになりました。これも、ただ自分で書いているだけだったなら、メモ書きと同じですよね。読んでくださった人がいたからこそ、自分も「ああ、また書こう」って思えました。

この本を書いていたときも、すごくすごく地道な作業だったので、本当に前に進んでいるんだろうかと、

何度も自分を見失いそうになったり、めげて投げ出したくなるほど、やる気が起きなかったりということがありました。

でもそういうときに、「今度出る本、楽しみにしていますね！」って声をかけてくれる人もいて、自分のことを待ってくれている人がいるんだっていうことに気づけて、また書こうっていう気持ちに立ち戻れました。自分のやっていることを、一人でも喜んでくれる人がいるのは、本当に幸せなことですよね。四年間積み重ねてきた想いが、こういう形にできたのは、周りのたくさんの人たちの支えがあったからです。その想いも感じていただけたら、すごくうれしいです。

最後になりましたが、この本を読んでくれたあなたが、あなたらしくキラキラ輝いて、ＨＡＰＰＹになっていくのを、いつも心より願っています。最後までおつき合いいただき、本当にありがとうございました。

二〇〇九年六月

松田隆太

たくさんの仲間たちからこの本の上下を彩っているメッセージをいただきました。左記のＨＰにまとまっています。書いて下さった方々のブログ等を見ることもできますので、ぜひご覧ください。メッセージをくださった方々、本当にありがとうございました。

【http://ten-pro.jp/ryuta/?page_id=16】

〈著者〉

**松田隆太（まつだ りゅうた）**

昭和49年10月5日生まれの34歳。

大学卒業後に好きなことをして生きようとビジネスを始めるが、失敗し、騙され、人間関係も崩壊。借金を抱え、消費者金融3社を駆けずり回る生活を送り、自殺寸前まで追いつめられる。

同時に、22歳から人生や幸せについて知るために、800万円を自己投資。800冊以上の本、240回以上のセミナーやイベントに行き、学び続ける。

一方、人を深く知って関わるため福祉の世界に7年携わる。その中で、行き場所がないお年寄りのための最後の砦だと言われる理想の環境を立ち上げ、人間や生きる本質を学ぶ。

過去の自分のように人生に迷っている人が、キラキラ輝いてHappyになれる気づきやきっかけになれたらという想いで、自身でキラ☆ハピセミナーやイベントを開催。

現在、だれもが自分らしく天職を生きられるようにVOICE社公認ソースワークショップトレーナー、天職プロデューサーとして全国に活動を広げている。


2009年7月、仲間とともに仕事を楽しめる世の中にするために、株式会社「天職プロデュース」設立。

株式会社天職プロデュース　http://ten-pro.jp/
〒108-0023　東京都港区芝浦4-21-1　GroveTower2703
メールアドレス　ryuta@ten-pro.jp

〈CD／歌・作曲・編曲〉

**さとちき（里地帰）**

「どんな過去があっても、夢は叶えていける！」

そんなメッセージを伝え続けるシンガーソングライター。

http://www.satochiki.jp/

あなたも幸せになれる
**キラ☆ハピの魔法〈もっと自分を好きになる66のヒント〉**

2009年6月26日　初版発行

著者©　松田隆太
装　幀　今井克宣
イラスト　冨島裕子
CDデザイン　Miki Watanabe
発行者　亀岡亮介
発売元　星雲社
〒112-0012　東京都文京区大塚3-21-10
TEL 03-3947-1021　FAX 03-3947-1617
印刷・製本　モリモト印刷

発行所　Eveil エベイユ エベイユ
（〒336-0026）埼玉県さいたま市南区辻1-24-11
電話 048-877-0329／FAX 048-839-8841

書籍コード　010101

ISBN978-4-434-13339-8　C0012

## 特別公開「タイプ別キラキラ☆Happy度チェックシート」&「キラ☆ハピアドバイス」を手に入れるには

① 前ページにある書籍コードを入手。

②【http://ten-pro.jp/s/】へアクセス

③ 書籍コード、メールアドレスを入力して、「送信」をクリック。

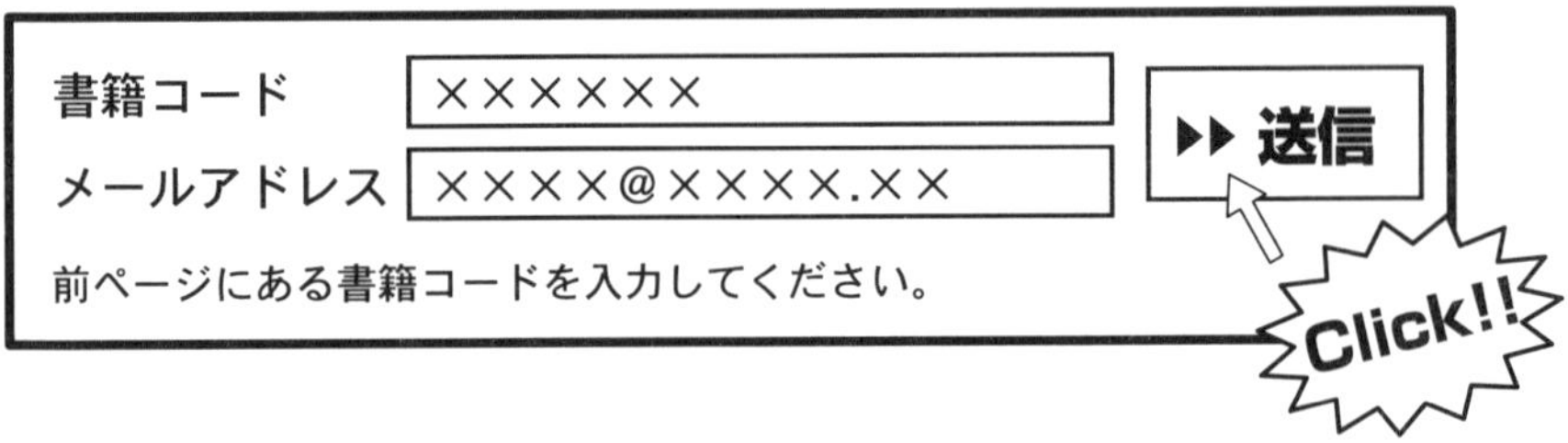


④ 隠れページのURLが記された メールが届く。

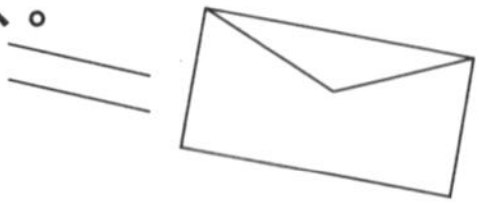

⑤ 隠れページへGO!!
「タイプ別キラキラ☆Happy度チェックシート」
&「キラ☆ハピアドバイス」をGET!!

なかなか、キラキラ輝けない、Happyになれない・・っていう人へ。
私もそうでした。だからこそわかるポイントを、タイプに合わせ、
エッセンスをギュッと詰めてお伝えします。お楽しみに！